사례를 통해 살펴본

한국의
환경외교

김찬우 저

박영사

2009년 12월, 덴마크 코펜하겐에서 살을 에는 듯한 추위 속에서 지구온난화 대응을 위한 기후변화회의가 개최되었다. 2012년 이후를 대상으로 한(post-2012) 기후변화체제 협상 회의에 전 세계의 이목이 집중되었다. 122개국에서 대통령, 총리 등 정상들이 참석하였으며, 정부대표, 시민사회, 기업인, 취재진 등을 합하면 참석자 수는 4만여 명에 달하였다.

　세계 각국의 취재진들은 회의장 바깥에서 대기하며 취재를 하였는데, 회의 막바지에 25개국 정상들이 밀실에서 협상을 할 때에는 그 취재 열기가 상상 이상이었다. 그런데 구원투수로 등장한 25개국 정상들이 만들어 낸 '코펜하겐 합의'가 실무 협상가들이 모인 본회의장에서 놀랍게도 거부되는 상황이 발생하였다. 일반인들의 눈으로는 도저히 이해하기 어려운 일이 벌어졌다.

　이 책은 전술한 사례와 같이 전문가가 아니고는 접근하기가 쉽지 않은 환경외교(環境外交)에 대한 이해를 돕기 위해 집필되었다. 환경 외교를 설명하는 데는 다양한 접근이 있을 수 있다. 이 책에서는 우리나라가 1990년대 초반부터 2010년대 중반까지 전개한 환경외교 사례를 통해 환경외교를 설명하고 있다. 그리고 사례만으로 설명이 충분치 않은 경우에는 배경이 되는 내용도 추가하였다.

　대표적인 사례는 우리나라 환경외교의 핵심 쟁점이었던 우리나라의 개도국 지위여부와 관련된 것이며, 이 사안의 중요성은 기후변화체제 협상, OECD의 환경 분야 심사, 리우(Rio)＋10 국제환경회의 유치 사례에 잘 나타나 있다. 그 외 지구환경정상회의, 국제환경협약 협상, 국제환경회의 개최, 동북아 환경 거버넌스 구축 등의 과정에서 나타난 사례를 정리하여 소개하였다.

　우리나라의 환경외교는 1990년대에는 우리나라의 경제, 산업에 도전으로 다가온 환경사안에 대응하기 위해 전개되었다. 그러나 2000년대 이후는 당면한 문제에 대한 해결 방식에서 한 걸음 더 나아가 국제사회에 비춰지는 우리나라의 모습 즉 국격을 제고하는 방향에도 무게를 두었다.

　국제 환경외교를 이해하는 키워드는 국익(國益)이다. 국익은 무엇보다도 그 구성요소가 다양하며, 경제 및 산업적 이익, 국제사회에서의 위상 등을 대표적으로 생각해 볼 수 있다. 한편 국익을 살펴볼 때 국가의 발전단계와 미래에 대한 비전에 따라 경제 및 산업적 이익에 대한 관점도 변화하며, 구성 요소 간의 비중도 크게 달라질 수 있음도 고려해야 한다.

이러한 국익의 동태적인 특성은 우리나라의 지난 25년간 환경외교 과정에 그대로 반영이 되었다. 정부 간 환경협상에서 우리 대표들은 매 시점마다 최선이라고 판단되는 입장을 수립하고 이를 관철하기 위해 노력하였다. 따라서 현재의 시점에서 우리나라의 환경외교를 조망할 경우 이러한 국익의 동태적 특성을 이해할 필요가 있다.

이 책은 장기간에 걸친 우리나라의 환경외교를 사례를 통해 다루고 있다. 이 기간에 많은 사람들이 환경외교 활동에 참여하였다. 필자도 우리나라 환경외교 활동에 상당 기간 참여를 하였지만 경험하지 못한 사례들의 경우에는 설명에 미비한 점이 있을 것으로 생각한다. 이 점에 대해서는 그 당시 환경외교의 현장에 있었던 분들의 이해를 구하고자 한다.

이 책이 다루지 못한 2010년 글로벌녹색성장연구소(GGGI) 설립, 2012년 녹색기후기금(GCF) 인천 유치, 2015년 기후변화정부간패널(IPCC) 의장직 진출, 2019년 유엔의 '세계 청정 대기의 날' 제정 주도, 2020년 탄소중립 목표 발표, 그리고 2021년 P4G 서울 정상회의 등 주목할 만한 환경외교의 성과는 추후 정리가 될 것으로 생각한다.

끝으로 이 책을 통해 환경외교에 대한 이해와 관심이 국내에서 제고될 수 있기를 바라며, 환경외교의 무대에서 우리나라의 국익을 지키기 위해 활약하는 인재들이 많이 배출되기를 기대해 본다.

Basel Convention
> Basel Convention on the Control of Transboundary Movements of Hazardous Wastes and their Disposal

BBNJ   Marine Biodiversity of Areas Beyond National Jurisdiction

Bonn Convention
> Convention on the Conservation of Migratory Species of Wild Animals

BWMC   International Convention for the Control and Management of Ships' Ballast Water and Sediments

Cartagena Protocol
> Cartagena Protocol on Biosafety to the Convention on Biological Diversity

CBD   Convention on Biological Diversity

CITES   Convention on International Trade in Endangered Species of Wild Flora and Fauna

COP   Conference of the Parties

DDA   Doha Development Agenda

EANET   Acid Deposition Monitoring Network in East Asia

EITs   Economies in Transition

EPOC   Environment Policy Committee

FAO   Food and Agriculture Organization of the United Nations

GATT   General Agreement on Tariffs and Trade

GCF   Green Climate Fund

GEF   Global Environment Facility

GGGI   Global Green Growth Institute

GPA   Global Programme of Action for the Protection of the Marine Environment from Land-based Activities

HLPF   High-level Political Forum

IEA   International Energy Agency

IHO   International Hydrographic Organization

IPBES   Intergovernmental Science-Policy Platform on Biodiversity and

Ecosystem Services

IPCC   Intergovernmental Panel on Climate Change

IUCN   International Union for Conservation of Nature

Kyoto Protocol
            Kyoto Protocol to the Convention on Climate Change

London Convention
            Convention on the Prevention of Marine Pollution by Dumping
            of Wastes and Other Matter 1972

London Protocol
            1996 Protocol to the Convention on the Prevention of Marine
            Pollution by Dumping of Wastes and Other Matter of 29
            December 1972

Madrid Protocol
            Protocol on Environmental Protection to the Antarctic Treaty

MARPOL 73/78
            International Convention for the Prevention of Pollution from
            Ships, 1973 as modified by the Protocol of 1978

Marrakesh Agreement
            Agreement Establishing the World Trade Organization

Minamata Convention
            Minamata Convention on Mercury

Montreal Protocol
            Montreal Protocol on Substances that Deplete the Ozone Layer

Nagoya Protocol
            Nagoya Protocol on Access to Genetic Resources and the Fair and
            Equitable Sharing of Benefits Arising from their Utilization to the
            Convention on Biological Diversity

NEACAP   North-East Asia Clean Air Partnership

NEASPEC   North-East Asian Subregional Programme for Environmental
            Cooperation

NOWPAP   Northwest Pacific Action Plan

OECD   Organisation for Economic Cooperation and Development

Ramsar Convention
            Convention on Wetlands of International Importance especially
            as Waterfowl Habitat 1971

Rotterdam Convention

        Rotterdam Convention on the Prior Informed Consent Procedure for Certain Hazardous Chemicals and Pesticides in International Trade

Stockholm Convention

        Stockholm Convention on Persistent Organic Pollutants

TEMM   Tripartite Environment Ministers Meeting among China, Japan and Korea

TRIPS   Agreement on Trade-Related Aspects of Intellectual Property Rights

UNCCD   United Nations Convention to Combat Desertification in Countries Experiencing Serious Drought and/or Desertification, Particularly in Africa

UNCED(Rio)

        United Nations Conference on Environment and Development

UNCHE   United Nations Conference on the Human Environment

UNCSD   United Nations Commission on Sustainable Development

UNCSD(Rio+20)

        United Nations Conference on Sustainable Development

UNEP   United Nations Environment Programme

UNFCCC United Nations Framework Convention on Climate Change

UNFF   United Nations Forum on Forest

Vienna Convention

        Vienna Convention for the Protection of the Ozone Layer

WSSD(Rio+10)

        World Summit on Sustainable Development

WTO   World Trade Organization

국제환경체제 개관

© ACTO, 아마존 열대우림 풍경

국제환경체제 개관

1. 국제환경체제의 범위

국제환경체제의 범위에 대해서는 다양한 의견이 있을 수 있다. 1992년 브라질 유엔환경개발회의에서 등장한 지속가능발전 패러다임은 환경 보호, 경제 및 사회 발전의 세 측면을 다루는데 이 패러다임의 등장으로 환경 관련 영역이 보다 확대되었다. 따라서 국제환경체제를 살펴볼 때 전통적인 영역뿐만 아니라 경제, 사회 분야에서 환경과 연관된 영역도 대상이 될 수 있다.

국제환경체제를 구성하는 대표적인 분야는 국제사회에 큰 방향을 제시한 기념비적인 환경회의이다. 1972년 스톡홀름회의, 1992년 리우회의, 2002년 요하네스버그회의, 2012년 리우회의 등은 선언문, 행동계획 등을 통해 국제환경체제에 큰 영향을 주었으며, 유엔환경계획(UNEP), 유엔지속가능발전위원회(UNCSD), 고위급정치포럼(HLPF) 등을 탄생시켰다.

다음으로 국제환경협약을 생각해 볼 수 있다. 국제환경협약은 특정 환경문제가 대두될 때마다 그 문제의 해결을 위해 만들어졌는데 국제환경체제에 있어 핵심적인 위치에 있다. 협약이 다루는 사안은 초기에는 습지, 동식물, 해양오염, 폐기물 등과 같이 단순하였으나 점점 오존층, 기후변화, 화학물질, 생물유전자원 등과 같이 과학이 큰 역할을 하게 되는 복잡한 내용으로 옮겨가게 되었다.

국제환경협약은 환경문제를 해결하기 위해 수출입금지 등과 같은 무역수단들을 채택하는 경우가 많은데 이 수단들이 세계무역기구(WTO)의 무역규정과 양립할 수 있는가에 대한 논란이 지속되고 있다. WTO는 이러한 문제를 다루기 위해 '무역과 환경 위원회'도 설립하였다. 환경과 무역의 상관관계도 자연스럽게 국제환경체제의 범위에 포함되고 있다.

환경문제는 글로벌한 성격을 가질 수도 있지만 지역적인 성격을 갖는 경우가 많다. 그리고 지역적 환경문제는 그 지역의 경제, 사회적 발전수준과 생태계의 특성 등을 고려한 고유한 해결 방안을 요구하고 있다. 동북아 지역도 예외는 아니며 환경 문제 해결을 위해 이 지역에 고유한 환경 거버넌스의 형성도 우리가 주의 깊게 살펴보아야 할 영역이다.

그리고 환경문제를 해결하는 수단에 대해서는 특별한 관심이 필요하다. 이 수단은 크게 재원, 기술, 능력형성 지원 등으로 구분할 수 있는데, 핵심은 재원이라고 할 수 있다. 환경에 특화된 국제 금융기구로는 지구환경금융(GEF)과 녹색기후기금(GCF)이 대표적이며, 이외에도 환경문제 해결을 지원하는 국제적, 지역적 차원의 각종 개발은행이 존재한다.

2. 환경체제 형성 과정

가. 국제환경회의

▮ 유엔인간환경회의 ▮

1972년 스웨덴 스톡홀름에서 개최된 유엔인간환경회의(UNCHE)는 환경문제를 국제적 아젠다로 다룬 최초의 범세계적 회의였다. 이 회의는 인간을 둘러싼 환경 즉 지구의 환경을 보호하는 것이 중요하다는 점을 크게 부각시켰다. 스톡홀름회의는 참석 수준에서 정상급 회의는 아니었으며, 동서냉전의 영향으로 구소련과 동구권 국가들은 참석하지 않았다.

스톡홀름회의에서는 환경문제뿐만 아니라 개발문제도 동시에 논의되었다. 저개발이 개도국 환경문제의 원인이며, 경제, 사회발전이 환경을 위해 중요하다는 점이 지적되었다. 그리고 현재뿐만 아니라 미래세대를 고려하여야 함도 강조되었다. 그러나 이 회의에서 환경과 개발의 대립적인 입장을 조화시킬 수 있는 해결책은 제시되지 못했다.

스톡홀름회의는 인간환경에 관한 스톡홀름선언과 행동계획을 채택하였다. 스톡홀름선언은 26개 원칙을 담고 있는데, 이 중 일부는, 특히 타국 또는 국가 관할권 이원지역 환경 피해 금지 원칙(제21 원칙)은 그대로 리우선언에 포함되었다. 이 회의의 결과로 유엔환경계획(UNEP)이 케냐 나이로비에 1972년에 설치되었으며, 많은 국가에서 환경담당 부처를 신설하였다.

▌유엔환경개발회의 ▌

1992년 브라질 리우데자네이루에서 개최된 유엔환경개발회의(UNCED, 일명 리우회의)는 스톡홀름회의 20주년을 기념하기 위해 개최되었다. 이 회의는 '지구정상회의(Earth Summit)'로 일컬어질 정도로 규모가 큰 회의였다. 그리고 이 회의에서 환경과 개발의 이분법적 대립 구도에 대한 해결책으로 지속가능발전 패러다임이 제시되었다.

이 지속가능발전 패러다임은 노르웨이의 전 총리였던 그로 할렘 브룬트란트가 의장이었던 세계환경개발위원회 즉 브룬트란트위원회가 1987년 '우리 공동의 미래(Our Common Future)'라는 보고서에서 처음으로 제시하였는데, 리우회의를 통해 국제적으로 공식화되었다.

이 보고서에 따르면 지속가능발전은 세대 간 형평성에 기초하여 "미래세대의 필요를 충족시킬 수 있는 능력을 훼손하지 않으면서 현재세대의 필요를 충족시키는 발전"으로 정의되는데, 이러한 발전은 환경의 지속가능성을 토대로 이루어질 수 있다. 즉 경제, 사회발전과 환경의 지속가능성은 상호 의존적이라고 보는 것이다.

리우회의는 환경과 개발에 대한 27개 원칙을 담은 리우선언과 21세기의 지속가능발전 청사진으로 의제21(Agenda 21)을 채택하였다. 리우선언의 원칙은 국제환경법의 주요 법원이 되고 있으며, 의제21은 지속가능발전을 추구하기 위한 국제사회의 지침서가 되었다. 유엔은 리우회의의 후속조치를 위해 1992년에 유엔지속가능발전위원회(UNCSD)를 발족하였다.

리우선언의 원칙 중 타국 또는 국가 관할권 이원지역 환경 피해 금지, 지구환경악화에 대한 선진국과 개도국 간의 공동의 그러나 차별화된 책임(CBDR, Common But Differentiated Responsibilities), 과학적 불확실성에도 불구하고 돌이킬 수 없는 피해가 예상될 때 조치를 취할 수 있는 사전예방적 접근(Precautionary Approach), OECD에서 시작된 오염자부담원칙(Polluter-Pays-Principle) 등은 빈번히 인용되고 있다.

원칙	내용	원칙	내용
서문	공평한 지구적 파트너십 구축	14	환경 훼손 활동 및 물질의 타국 이전 금지
1	인간이 지속가능발전의 중심 자연과의 조화, 건강하고 생산적인 삶	15	회복 불가능한 피해에 사전예방적 접근
2	자원개발에 대한 주권적 권리 타국 환경 피해 금지 의무	16	환경비용의 내부화, 오염자부담원칙
3	지속가능한 개발 추구	17	환경영향평가 시행
4	개발 과정에 환경보호 내재화	18	긴급 재난 발생 가능 시 타국에 통보
5	빈곤퇴치는 지속가능발전에 필수	19	타국 환경영향 초래 활동 사전통보
6	개도국에 대한 배려	20	여성의 역할 강조
7	공동의 그러나 차별화된 책임 (CBDR) 선진국의 특별한 책임	21	청년의 잠재력 활용
8	지속가능하지 않은 생산, 소비 철폐	22	원주민의 전통지식 보유 등 역할
9	내생적 능력형성 협력 및 지원	23	점령지의 환경 자원 보호
10	대중의 참여, 환경 관련 정보 접근	24	무력 충돌 시 환경보호
11	환경표준 설정 시 타국 고려	25	평화, 개발, 환경보호의 불가분성
12	일방적 무역조치 회피 필요 환경적 조치는 국제합의에 기반	26	환경 분쟁의 평화적 해결
13	오염 및 환경피해 책임과 배상법 개발	27	리우선언 성실 이행 협력

지속가능발전세계정상회의

지속가능발전세계정상회의(WSSD)는 리우회의 이후 지난 10년간 국제사회의 지속가능발전 정도를 점검하기 위해 남아공 요하네스버그에서 2002년 개최되었다. 요하네스버그회의는 지속가능발전을 회의의 공식 명칭에 포함하였는데, 이는 환경과 개발에 관한 회의로 명명된 리우회의보다는 진일보한 것이었다. 지속가능발전 패러다임이 널리 인정을 받기까지 10년의 시간이 소요되었다.

리우회의 이후 10년간 국제사회의 지속가능발전 정도는 기대에 훨씬 미치지 못하였으며(far from satisfactory), 어떤 점에 있어서는 10년 전보다 상황이 더 악화된 것으로 평가되었다. 이러한 배경하에서 요하네스버그회의를 통해 국제사회는 경제,

사회, 환경의 세 측면을 조화롭게 추구하는 지속가능발전 패러다임을 실천할 의지를 다졌다.

요하네스버그회의는 지속가능발전에 대한 국제사회의 실천 의지를 재확인하는 요하네스버그선언과 의제21의 장기 비전을 실천하기 위해 향후 10~20년을 대상으로 한 중기 이행계획인 요하네스버그이행계획(JPOI, Johannesburg Plan of Implementation)을 채택하였다. 또한 정부, 국제기구, 시민사회 간의 새로운 협력방식인 '파트너십 이니셔티브'를 도입하였다.

▌유엔지속가능발전회의 ▌

20년 만에 다시 브라질 리우에서 개최된 유엔지속가능발전회의(UNCSD)는 '우리가 원하는 미래(The Future We Want)'라는 문서를 채택하였다. 이 문서는 사람이 중심에 있고 정의롭고, 공평하며, 포용적인 사회가 우리가 원하는 미래이며, 지구와 현재 및 미래 세대를 위해 경제적, 사회적, 환경적으로 지속가능한 발전을 추구해 나갈 것을 요구하고 있다.

리우(Rio)+20 회의는 지속가능발전과 빈곤퇴치를 위한 녹색경제, 그리고 이를 실천할 제도적 장치를 중심 주제로 다루었다. 그리고 이 회의를 통해 UNEP이 2008년부터 추진해 온 녹색경제와 지속가능발전과의 관계에 대해 녹색경제는 지속가능발전을 달성하기 위한 중요한 수단 중 하나로 정리되었다. 그동안 양자의 관계는 불분명한 상황이었다.

리우+20 회의는 국제사회의 지속가능발전 노력을 담당할 기구로 기존의 지속가능발전위원회를 대체하는 고위급정치포럼(HLPF)을 설립하였다. 또한 2030년까지 유엔의 개발 노력의 핵심 방향이 될 지속가능발전목표(SDGs, Sustainable Development Goals)를 개발할 작업반을 설립하여 SDGs가 2015년에 유엔에서 채택되도록 하였다. '2030 지속가능발전 의제'라고도 하는 SDGs는 인간, 지구, 번영, 평화, 파트너십이라는 5개 영역에서 추구되어야 할 17개의 목표와 169개의 세부목표로 구성되어 있다.

나. 국제환경협약

국제사회는 대기, 육상 및 해양 생태계를 보호하기 위해 그동안 많은 노력을 해 왔으며, 이러한 목적을 달성하는 주요 수단으로 분야별 국제환경협약(MEAs, Multilateral Environmental Agreements)을 활용해 왔다. 전술한 범세계적 국제환경회의가 국제 환경 논의에 방향성을 제공하여 왔다면 국제환경협약은 구체적인 환경문제를 해결하기 위해 제정되어 왔다.

대기 분야에서는 화석연료에서 주로 발생하는 온실가스를 감축하여 지구온난화를 방지하기 위해 기후변화협약과 이를 실행하기 위한 교토의정서와 파리협정이 만들어졌다. 지구온난화로 인해 국제사회는 경제, 산업 기반을 저(低)온실가스체제로 전환해야 하는 엄청난 도전에 직면하고 있다. 이 도전은 그 어떤 도전보다 크고 장기적으로 지속될 전망이다.

지구의 오존층 보호를 위해 염화불화탄소(CFCs), 할론 등 오존층 파괴물질을 통제하고자 비엔나협약과 몬트리올의정서가 만들어졌다. 이 중 몬트리올의정서는 비당사국과의 교역을 금지하는 강력한 무역 조치를 담고 있는데, 파괴된 오존층의 회복에 크게 기여하여 성공적인 국제환경협약 중 하나로 인정받고 있다.

생태계 분야에 있어서는 생물자원 보유국의 주권적 권리를 인정하고, 생물자원의 보전, 지속가능한 이용을 목적으로 하는 생물다양성협약이 존재한다. 부속 의정서로는 유전자변형생물체(LMOs, living modified organisms)의 국가 간 이동 시 안전을 확보하기 위한 카르타헤나의정서와 생물유전자원에 대한 접근과 이를 활용하여 창출된 이익의 공유를 규정한 나고야의정서가 존재한다.

그 밖에 국제적으로 중요한 습지를 보호하기 위한 람사르협약, 멸종위기 동식물의 국제거래에 관한 협약(CITES협약), 이동성 종 보존협약(Bonn협약), 심각한 한발 및 사막화를 겪고 있는 국가의 사막화방지를 위한 협약 등이 있다. 산림 분야에서는 열대목재협정이 있으며, 유엔산림포럼(UNFF)에서는 모든 유형의 산림을 지속가능하게 관리 및 개발하기 위한 논의가 진행되고 있다.

해양 분야는 런던협약과 부속 96의정서를 통해 해양에 투기되는 물질을 통제하고, 해양오염방지협약(MARPOL 73/78)을 통해 선박으로 인한 해양오염을 방지해 나가고 있다. 그리고 선박에 적재하는 평형수의 배출 시 발생할 수 있는 해양생태계

교란과 해양오염 방지를 위해 선박평형수관리협약이 채택되었다. 또한 하수, 쓰레기, 중금속 등 육상에서 발생하는 오염물질로 인한 해양오염 방지를 위한 노력(GPA)이 진행되고 있다.

최근 해양 분야 논의는 해양오염 대응뿐만 아니라 해양의 생물자원 및 생태계 보호를 위한 조치까지도 포함하여 종합적인 접근을 하고 있는데, 유엔해양법협약 하에서 진행 중인 국가관할권 이원지역의 해양생물다양성(BBNJ) 논의를 주목할 필요가 있다. 또한 남극의 환경과 생태계 보호를 위해 보호구역 지정 등의 조치를 규정한 마드리드의정서도 존재한다.

유해폐기물의 국가 간 특히 개도국으로의 이동을 통제하기 위해 바젤협약이 오래전에 채택되었다. 또한 유해화학물질 및 농약의 국제적 교역을 통제하기 위한 로테르담협약(PIC협약)과 잔류성 유기오염물질의 통제를 위한 스톡홀름협약(POPs협약)이 채택되었다. 성격이 비슷한 이들 3개 협약은 시너지를 제고하기 위해 회의가 동일 장소에서 연계되어 개최되고 있다.

가장 최근에 채택된 수은에 관한 미나마타협약은 20세기 중반 일본 미나마타지역에서 발생한 수은 중독 사고에서 이름을 따왔다. 수은은 두뇌와 신경계 질환을 포함하여 인체에 심각한 질병을 유발하는 물질이며, 수은협약은 수은의 생산, 사용, 배출, 폐기의 전 과정에서 준수해야 할 사항을 규정하고 있어 수은에 대한 국제적인 관리가 강화되고 있다.

다. 무역과 환경

환경문제의 발생이 인간의 경제 및 개발활동과 밀접한 관계를 가짐에 따라, 환경문제를 해결하기 위한 국제적인 노력은 국제환경협약에 무역 제한적인 조치를 도입하는 방향으로 나아가고 있다. 세계무역기구(WTO)에 의하면 상당수의 국제환경협약이 무역 제한적인 조치를 포함하고 있는 것으로 조사되고 있다.

개방적인 무역체제를 추구하는 WTO의 입장에서는 국제환경협약의 무역 제한적인 조치와 WTO 규정이 양립할 수 있는지에 대해 들여다보지 않을 수 없게 되었다. 이 문제는 1970년대에 이미 대두되었으나 논의가 이루어지지 못하다가, 1995년에 출범한 WTO체제 내 무역과환경위원회에서 본격적으로 다루게 되었다.

2001년에 출범한 도하개발아젠다(DDA)는 무역과 환경 관련하여 협상 의제와 검토 의제를 선정하였다. 협상 의제는 WTO규범과 국제환경협약과의 관계, 국제환경협약 사무국에 옵저버 지위 부여 여부, 환경상품과 환경서비스 특별취급 문제 등이며, 검토 의제는 환경조치가 시장접근에 미치는 영향, 무역 제한 철폐로 혜택이 발생하는 분야, 무역관련지재권협정(TRIPs협정) 관련 규정, 환경라벨링 요건 등이다.

WTO를 탄생시킨 마라케시협정은 그 서문에 지속가능발전과 환경보호를 개방된 무역체제를 추구하는 목적과 함께 언급하고 있다. 그리고 WTO의 여러 협정 중 일반무역협정(GATT 제20조), 무역장벽협정, 동식물검역협정, 서비스협정, 보조금협정, 지재권협정 등 여러 곳에 '녹색조항'이 포함되어 있다. 그러나 현실에서 무역과 환경 양자 간의 관계에 대한 논란은 지속되고 있다.

일반적으로 무역과 환경 양자는 상호 지지적인 관계로 이해되고 있다. WTO에서는 국제환경협약이 요구하는 무역제한적인 조치도 일정한 조건을 충족하면 허용하며 신축적으로 대응하고 있다. WTO가 금과옥조로 여기는 규정은 자국과 타국의 제품을 동등하게 대우하는 '내국민대우', 타국의 제품을 상호 동등하게 대우하는 '최혜국대우', 그리고 제품 자체가 아닌 제조 공정을 이유로 한 차별 금지 등이다.

라. 동북아 환경협력

동북아 지역은 산업화와 경제성장에 따른 오염물질 배출문제가 심각한 반면, 국가별 환경문제 대처능력과 인식에는 상당한 차이가 존재한다. 따라서 동북아 지역 전체를 위해서는 국가 간의 협력이 보다 필요하다. 특히 미세먼지(PM2.5) 등 오염물질의 대기 이동, 사막화에 따른 황사, 해양 오염물질 유입 및 투기, 해양 쓰레기, 해상 유류오염 등 현안에 적극 대응해야 한다.

동북아 국가들은 1992년 리우회의 이후 동북아 환경문제 대처를 위해 다양한 환경협력 메커니즘을 발전시켜 왔다. 1993년과 1994년에 동북아환경협력계획(NEASPEC), 북서태평양보전실천계획(NOWPAP)이 각각 발족되었으며, 1999년에는 한중일 환경장관회의(TEMM)가 출범하여 동북아 환경협력에서 새로운 장을 열었다.

또한 역내 국가 간의 양자 차원의 협력은 다자간 협력을 보완하고 있다.

동북아 환경문제는 이 지역 국가의 국민들이 직접 피부로 느끼는 문제이기 때문에 국제적인 환경문제보다 각국 국민들의 관심이 더 크다. 따라서 동북아 환경문제는 종종 정치적 긴장을 초래하는 휘발성이 강한 사안이 되기도 한다. 이러한 긴장을 해결하기 위해서는 환경 문제에 효과적으로 대응할 수 있는 시스템이 작동하고 있는 것이 중요하다.

동북아 지역의 환경협력 메커니즘들은 독립적으로 설립되고 그 구성국들도 다양하다 보니 전체적으로 시너지를 만들어 내지 못하고 있다. 한국, 중국, 일본 등 3국은 동북아 환경협력 메커니즘에 모두 참여하고 있고 또한 중심적인 역할을 하고 있으므로, 3국 환경장관회의를 중심으로 동북아 환경협력 거버넌스를 새롭게 구축할 필요가 있다.

동북아 지역에서는 정부 간 협력뿐만 아니라 연구기관, 시민사회 차원에서의 교류와 협력도 진행되고 있다. 이러한 활동은 지역 환경문제 해결을 위한 정부 간 노력을 보완해 주는 역할을 할 수 있을 것이다.

마. 이행수단: 재원과 기술

환경문제를 해결하는 데 여러 수단이 있지만 재원이 특히 중요하다. 국제 환경문제 해결을 위해 특별히 설립된 국제금융기구로는 지구환경금융(GEF)과 녹색기후기금(GCF)이 대표적이다. GEF는 브라질 리우회의 직전인 1991년에 설립되었으며, GCF는 2010년에 설립되었다. GEF가 환경문제 전반을 다룬다면 GCF는 기후변화 사안만을 다루는 차이가 있다.

지구환경금융(GEF)은 1991년 출범 당시에는 시범적으로 운영되다 1994년부터 본격적으로 운영되었다. GEF는 활동 재원을 매 4년마다 조성을 하는데 제1기(1994~1998)에는 27.5억 달러 규모로 출발하였으며, 제7기(2018~2022)에는 41억 달러 규모로 대폭 증액되었다. 시범 운영기간 1억 달러를 포함하여 지금까지 250억 달러가 조성되어 사용되었다.

GEF는 초기에는 기후변화 대응, 오존층 보호, 생물다양성 보전, 국제수역 관리 등의 4개 영역에 초점을 맞추었다. 그리고 이후 화학물질 관리, 토양 황폐화 방지, 산림 보호 등의 영역으로 그 지원 범위를 확대하였다. GEF가 사업 자금을 집행하면 대개 협조금융(co-financing)이 따라오는데 GEF는 4배 이상의 협조금융을 일으켰다.

녹색기후기금(GCF)은 2009년 덴마크 코펜하겐 기후변화회의에서 합의된 개도국에 대한 재원 지원 내용이 2010년 멕시코 칸쿤 기후변화회의에서 공식화되면서 이를 이행하기 위해 출범한 국제금융기구이다. 코펜하겐 기후변화회의에서는 2012년 이후 기후변화체제(2013~2020)에서 개도국의 기후변화 대응 지원을 위해 2020년까지 연간 1천억 달러의 재원을 조성하기로 하였다.

GCF는 합의 이후부터 논란이 계속 되었는데, 첫째는 1천억 달러에 공공재원 외에 민간재원의 포함여부였으며, 둘째는 1천억 달러가 조성되어야 하는 목표연도에 관한 것이었다. 논란 끝에 재원은 공공재원뿐만 아니라 민간재원도 포함할 수밖에 없는 것으로, 그리고 1천억 달러의 목표연도는 2020년으로 정리가 되었다.

GCF는 유엔의 노력에 힘입어 초기 재원으로 103억 달러를 2014년에 확보하였으며, 8개 사업을 2015년에 최초로 승인하며 본격적인 활동에 들어갔다. GCF는 재원을 온실가스 감축과 기후변화 적응 사업에 50 : 50으로 배분하며, 이 중 적응 재원의 50%는 최빈국, 군소도서국, 아프리카 국가들을 위해 지원하는 목표를 설정하고 있다. GCF는 제1차(2020~2023) 재원보충으로 98억 달러를 조성하였다.

재원문제와 함께 풀기 어려운 문제는 환경친화기술의 이전문제이다. 선진국들은 기술에 대한 지적재산권은 보호되어야 하며 기술은 상업적으로 거래되어야 한다는 입장이며, 개도국들은 환경기술은 지구환경보호를 위해 예외적으로 이전되어야 한다는 주장을 한다. 최근에는 진전이 없는 기술 그 자체에 대한 논쟁보다 재원문제로 기술문제를 풀어보려는 경향이 있다.

한편 2010년 멕시코 칸쿤 기후변화회의의 결정으로 '기후기술센터 및 네트워크 (CTCN, Climate Technology Centre and Network)'가 설립되었다. CTCN은 덴마크 코펜하겐에 소재한 기후기술센터를 중심으로 기술 관련 기관들 간 네트워크를 구축하여 개도국의 기술요구에 자문, 정보 등의 서비스를 제공하고 있다. 선진국과 개도국 간 기술협력에 있어 의미 있는 진전이라고 볼 수 있다.

3. 지속가능발전 패러다임

지난 50여 년간의 국제 환경논의에 있어 가장 큰 변화는 환경문제를 바라보는 시각이라고 할 수 있다. 1987년 브룬트란트 위원회가 '우리 공동의 미래'라는 보고서에서 제시하고 1992년 리우회의를 통해 국제적으로 인정된 지속가능발전 패러다임은 우리의 환경과 개발을 바라보는 시각에 일대 전환을 가져왔다. 이 패러다임이 등장하기 이전에는 상호 간의 관계를 이분법적 대립구도로 인식하였다.

지속가능발전 패러다임은 인간의 개발 즉 경제 및 사회 발전을 이룩하기 위해서는 환경의 지속가능성(sustainability)이 전제되어야 하며, 그 역도 성립한다는 양자의 상호 의존적 인식에 기초하고 있다. 그리고 이러한 발전은 현 세대뿐만 아니라 미래 세대까지도 고려하는 세대간 형평성에 기반하여야 한다고 보는 것이다. 상호 의존적인 관계가 선순환을 만들어 나갈 때 국제사회는 지속가능한 발전 경로에 있게 되는 것이다.

국제사회에 어떤 새로운 개념이 대두되고 정착되기까지에는 오랜 시간이 필요하다. 이제는 자연스럽게 받아들여지고 있으나 지속가능발전 패러다임도 예외는 아니었다. 그리고 이해와 내재화에 상당히 오랜 시간이 소요된 데에는 지속가능발전을 구성하는 세 축인 경제성장, 사회발전, 환경보호의 관계에 대해 상이하고 다양한 해석이 가능하였기 때문이기도 하였다.

OECD는 지속가능발전을 "현 세대 복지의 최대화가 미래 복지의 감소로 이어지지 않는 발전"으로 정의하고 있다. 브룬트란트 보고서에서 제시된 필요(needs)를 복지(well-being)라는 개념으로 대체하여 분석을 보다 용이하게 하였다. 그리고 인간의 복지는 자연자본, 인공자본, 인적자본, 사회자본 등 4대 자본의 총합이 감소되지 않도록 하는 것이라고 설명하고 있다.

자본의 종류 중 자연자본은 자연계에서 획득할 수 있는 재생 또는 비재생 자본을 말하며, 인공자본은 인간의 노력이 투입되어 만들어진 기계, 장비 등과 같은 구체적인 자본이다. 인적자본은 지식, 기술 등이 내재화된 인간을 이야기하며, 사회자본은 정치적 제도, 법적 시스템, 사회적 가치 등과 같은 비물질적인 제도와 가치 등을 의미한다.

지속가능발전을 해석하는 데 있어 어려운 점은 이 자본들 간 대체성에 대한 논란 때문이다. 일부 그룹의 학자들은 자본의 총합이 감소되지 않으면 자연자본과 인공자본 간에 대체가 가능하다고 주장하는데 이는 자연자본도 화폐 가치로 평가할 수 있다는 전제에서 출발한다. 그러나 다른 그룹의 학자들은 양 자본은 대체가 되지 않으므로 영역별로 유지가 되어야 한다고 주장한다.

자연자본을 회복이 불가능할 정도로 이용하게 될 경우 이에 따른 피해는 이용이 주는 이익보다 더 클 수가 있다. 그리고 자연자본을 전혀 이용하지 않고 보전만을 추구하는 것도 현실 세계에서는 설득력이 있는 주장이 아니다. 우리는 지속가능성에 대한 양극단의 해석에서 어느 지점에 있어야 할지에 대해 고민할 필요가 있다. 이 지점은 사안에 따라, 상황에 따라, 시대에 따라 달라질 것이다.

국제환경체제 개관

구분	1970년대	1980년대	1990년대	2000년대	2010년대
국제환경회의	유엔인간환경회의('72) - 스톡홀름선언, 행동계획	유엔환경계획특별회의('82) - 세계자연헌장	유엔환경개발회의('92) - 리우선언, 의제21 (Agenda21)	지속가능발전세계정상회의('02) - 요하네스버그선언, 이행계획(JPOI)	유엔지속가능발전회의('12) - 우리가 원하는 미래
국제환경기구	유엔환경계획('72)		유엔지속가능발전위원회('92) 지구환경기금('91)		고위급정치포럼('12) 녹색기후기금('10)
다자환경협약(MEAs)*	• 람사르협약('71) • 런던협약('72) • CITES협약('73) • 열대목재협정('76) • Marpol협약('73/78) • Bonn협약('79)	• 비엔나협약('85) • 몬트리올의정서('87) • 바젤협약('89)	• 마드리드의정서('91) • 기후변화협약('92) • 생물다양성협약('92) • 사막화방지협약('94) • 바젤 Ban Amendment ('95) • 런던협약의정서('96) • 교토의정서('97) • 로테르담협약('98)	• 카르타헤나의정서('00) • 스톡홀름협약('01) • 선박평형수관리협약('04)	• 나고야의정서('10) • 미나마타협약('13) • 파리협정('15)
무역과 환경			WTO무역환경위원회('95)		
동북아협력			• 동북아환경협력고위급회의('93) • 북서태평양보전실천계획('94) • 한중일환경장관회의('99) • 양자 환경협력협정('93/94) - 일본, 중국, 러시아	• 동아시아산성비모니터링네트워크('01)	• 동북아청정대기파트너십('18)

* 다자환경협약은 발효된 협약 대상으로 체약연도 표기

한국 환경외교의 과제

© IISD/ENB, 유엔기후변화회의 파리협정 채택(2015, 프랑스)

한국 환경외교의 과제

우리나라 환경외교가 직면한 가장 어려운 문제는 우리나라가 개도국인지 아니면 선진국인지에 대해 대답해야 하는 것이었다. 1992년에 채택된 리우 원칙의 하나인 '공동의 그러나 차별화된 책임(CBDR)' 원칙은 국제환경문제는 전 세계 모든 국가가 힘을 합쳐 대응해야 하나, 해결 노력에 있어서는 주된 책임이 있는 선진국이 선도적으로 나설 것을 요구하고 있다.

개별 국가들은 선진국과 개도국 중 어떤 지위로 분류되느냐에 따라 부담해야 할 책임이 달라지다 보니 지위 문제에 민감할 수밖에 없게 되었다. 우리나라는 OECD에 1995년에 가입 신청을 하고 1996년에 가입을 하였는데, 가입 심사 과정에서 우리나라의 개도국 지위 문제가 논란이 되었다. 그 당시 OECD 회원국이면서 개도국 지위를 주장하는 국가는 1994년에 가입한 멕시코가 유일하였다.

OECD 회원국들은 가입 심사 때부터 우리나라에 대해 국제환경문제에 있어 선진국으로 행동할 것을 요구하였다. 특히 그 당시 진행 중이었던 기후변화협약 부속 의정서(교토의정서) 협상에서 선진국으로 참여해 줄 것을 강하게 요구하였다. 또한 가입 이후에는 그 당시 우리나라가 소속되어 있던 개도국 협상그룹인 77그룹(G77)을 탈퇴할 것을 요구하였다.

1990년대 초반 브라질 리우회의 개최, 기후변화협약, 생물다양성협약 채택 등으로 환경문제가 국제적으로 급부상하고 있을 때 우리나라는 77그룹의 일원으로 활발하게 활동을 하였다. 그러나 OECD 가입 이듬해에 77그룹을 탈퇴함으로써 우리나라는 더 이상 개도국 그룹의 일원으로 활동할 수 없게 되었다. 그렇다고 선진국 그룹의 일원으로 활동할 준비가 되어 있는 것도 아니었다.

우리나라는 특히 기후변화 협상에서 개도국 지위 유지 문제로 압박을 받았는데, 우리나라와 같은 애매한 상황에 있는 국가들에게는 선진국도 개도국도 아닌 '제3의 방안(The Third Way)'이 필요하였다. 그러나 전 세계 모든 국가가 모인 다자협상장에서 이러한 처지에 있는 소수의 국가를 위해 새로운 카테고리를 만든다는 것은 사실상 불가능하였다. 1997년에 채택된 교토의정서도 기후변화협약의 연장선상에서 선진국과 개도국의 2분법 구도를 유지하였다.

우리나라가 안고 있는 이 어려운 난제는 2013년 폴란드 바르샤바 기후변화회의에서 '자발적 기여(INDC, Intended Nationally Determined Contributions)'라는 개념이 합의됨으로써 해결되게 되었다. INDC라는 그릇에 모든 국가는 자국의 사정을 고려한 온실가스 감축노력을 담을 수 있게 되어 온실가스 감축 문제에 있어 선진국과 개도국이라는 2분법이 극복될 수 있었다.

2015년 12월 채택된 '파리협정(Paris Agreement)'은 INDC(이후 NDC)를 기후변화체제에 있어 영구적인 장치로 내재화하였다. 이제 기후변화 대응을 위한 온실가스 감축문제에 있어서 우리나라는 선진국 또는 개도국 지위 문제를 더 이상 고민하지 않아도 되게 되었다. 환경 분야에서 우리나라가 고민하던 '고르디아스의 매듭(Gordian Knot)' 중 하나가 풀린 것이다.

01 OECD의 환경 분야 심사

1. 개도국 지위문제 대두

경제협력개발기구(OECD)는 2020년 기준 37개 회원국으로 구성되어 있다. OECD는 1961년에 20개국으로 출범하였으나, 1960~1970년대에 4개국, 1990년대에 5개국, 그리고 2000~2010년대에 8개국을 추가하여 현재의 구성이 되었다. 우리나라는 1996년 12월에 제29번째 회원국으로 가입을 하였다.

OECD 회원국이 되기 위해서는 OECD가 제정한 각종 결정문, 권고사항 등 OECD 규범(OECD Aquis)을 준수해야 하며, 이를 이행하기 위해 국내 법체계도 손질하여야 한다. 우리나라는 OECD에 가입할 당시 경제, 무역, 농업, 서비스, 금융 등 시스템 전반에 걸쳐 심사를 받았는데, 그중에서 환경 분야와 무역 분야 심사가 마지막까지 어려웠던 분야였다.

OECD의 환경 분야 심사를 받으면서 우리나라는 OECD의 65개 환경 규범 중 53개의 규범은 수락을 하고, 12개 규범은 가입 이후 국내 입법으로 보완하는 조건부 수락을 하였다. 환경 분야 심사에서 문제가 된 것은 OECD 규범이 아니라 그 당시 진행되고 있던 기후변화협약 부속 의정서(교토의정서) 협상에서의 개도국 지위문제 때문이었다.

1995년 독일 베를린에서 개최된 제1차 기후변화협약 당사국총회(COP1)에서 채택된 '베를린 협상지침(Berlin Mandate)'은 온실가스 감축의무를 부속서 1국가로 한정하였다. 그런데 기후변화협약은 부속서 1(Annex I)에 1992년 협약 채택 당시 OECD 회원국이었던 국가와 동구의 경제전환국(EITs)을 기재하고 있었다. 따라서 우리나라가 OECD 회원국이 될 경우 온실가스 감축문제에 있어 선진국으로 간주되는 부속서 1국가로 행동할 것이냐가 논란이 되었다.

OECD 회원국 중 기후변화협약의 부속서 1국가가 아닌 국가는 우리나라보다

2년 전에 가입을 한 멕시코가 유일한 경우였다. 멕시코가 가입을 신청할 당시에는 의정서 협상이 진행되기 전이라 신규 OECD 가입국이 부속서 1국가가 되어야 하는 문제가 대두되지 않았으나, 베를린 협상지침하에서 의정서 협상이 진행되는 상황에서는 사정이 달랐다.

2. 환경 분야 심사 난항

OECD는 1995년 12월 제1차 환경정책위원회(EPOC) 회의 전에 가입협의단을 파견하여 환경 분야 쟁점에 대해 우리나라와 협의를 진행하였다. 이 협의에서 우리나라는 국제환경협약 중 기후변화협약과 몬트리올의정서에서는 개도국 지위를 유지하고자 하며, 그렇더라도 우리의 능력 범위 내에서 기후변화협약과 몬트리올의정서의 이행을 지원하겠다는 의향을 밝혔다.

그 이후 EPOC의 제1차 심사회의에서 우리나라의 환경정책과 제도에 관한 설명과 질의응답이 있었다. 제1차 심사에서 우리나라는 우리의 환경정책과 제도를 OECD 회원국들에게 이해시키는 노력을 하였으며, 심사 과정에서 이들의 주요 관심이 기후변화체제에서 우리나라의 부속서 1국가 참여 문제임을 확인하였다.

1996년 5월 제2차 EPOC 회의는 환경 분야 심사가 마무리될 것으로 기대했던 회의였다. 우리나라는 OECD의 65개 환경규범 중 53개 규범은 수락을 하고, 화학물질 분야 10개, 폐기물 분야 2개 규범은 가입 이후 국내 입법으로 보완하는 조건부 수락을 하였다. 그러나 EPOC의 심사는 초점이 우리나라의 부속서 1국가 참여 문제로 흘러갔으며, 결론 없이 우리나라와 서면으로 후속 논의를 진행하기로 하였다.

그 해 7월 스위스 제네바에서 개최된 제2차 기후변화협약 당사국총회(COP2)에서 우리나라는 EU, 스위스, 미국 등과 양자협의를 하였으며, 이 과정에서 향후 협의의 기초 자료로 5개 항을 작성하였다. 이 5개 항의 핵심은 우리나라의 기후변화협약상 기존 법적 지위를 침해하지 않음을 전제로 OECD 국가(as an OECD country)로서 기후변화협상에 참여한다는 것이었다.

그러나 'OECD 국가로서'의 의미가 논란이 되었다. 이 문구는 우리나라가 기후변화 협상에 OECD 회원국이면서 비부속서 1국가 즉 개도국(OECD/non-Annex I)으로 참여하는 데는 문제가 없는 것으로 해석되었으나, 협상의 결과와 관련하여서는 의미가 불분명하였다. OECD 내에서도 협상의 결과와 관련하여 우리나라가 부속서 1국가, 즉 선진국의 의무를 부담하여야 한다는 주장이 주류를 이루고 있었다.

이러한 배경하에서 우리나라는 서면 답변을 통해 OECD국가이지만 비부속서 1국가로 협상에 참여하며, 우리나라에 대한 협상의 결과는 비부속서 1국가에 해당되는 부분임을 명확히 하였다. 이러한 우리나라의 입장 표명에 OECD 회원국들은 실망감을 표명하였지만, 그렇다고 우리나라의 입장을 변경시킬 수 있는 상황도 아님을 인식하게 되었다.

최종적으로 OECD 환경위원회는 우리나라의 5개항 제시를 환영하며, 의정서 협상의 결과와 관련하여 "한국이 기후변화협약의 미래 공약에 있어 부속서 1국가가 대부분인 OECD 회원국들과 보조를 같이 해 줄 것을 기대한다(C(96)184, 33(vi))"는 희망으로 환경 분야 심사를 마무리하였다.

3. 환경 분야 심사의 의미

OECD가 우리나라에 대한 환경 분야 심사를 할 당시 우리나라는 높은 경제성장률(1990년 이후 연 7.8%)과 높은 에너지소비율(1990년 이후 연 11%)을 기록하고 있었다. 지금은 화석연료 사용과 경제성장 간에 분리(decoupling)가 가능하다는 인식이 받아들여지고 있으나, 그 당시에는 화석연료 사용과 경제성장은 비례하는 것으로 간주되던 시기였다.

준비가 되어 있지 않은 상황에서 부속서 1국가로 온실가스 감축의무를 부담하는 것은 우리나라의 국익에 큰 영향을 미칠 수 있는 사안이었다. 따라서 우리나라로서는 OECD 회원국들의 부속서 1국가 참여 요구를 수용할 수 없는 상황이었다.

그러나 OECD 회원국들은 우리나라와 같이 경제, 산업적으로 경쟁 관계에 있는 국가가 온실가스 감축의무를 함께 부담하지 않을 경우 자국의 경쟁력이 약화된다는 입장이었다. 즉 이들은 우리나라가 OECD에 가입하는 것을 계기로 부속서 1국가로서 온실가스 감축의무를 부담하게 하여 '공평한 경쟁의 장(a level playing field)'을 만들기를 강하게 희망하였다.

OECD 이사회의 환경분야 심사 관련 결정문
(C(96)184, 1996.9.24.)

ACCESSION OF KOREA TO THE ORGANISATION:
OPINION OF THE ENVIRONMENT POLICY COMMITTEE

33. The following conclusions were then agreed to by the Committee (via the written procedure process):

vi) The Committee agrees with the statement's fifth point that Korea's participation in the negotiations of the Ad Hoc Group on the Berlin Mandate (AGBM) as an OECD country should not be taken to prejudice Korea's legal status under the current provisions of the UN Framework Convention on Climate Change. While recognising the sovereign right of all participants not to be bound in advance to accepting the results of the negotiations, the Committee envisages that the Republic of Korea will associate itself with other OECD Members, most of whom are listed in Annex I, in relation to future commitments under the Convention.

·02 Post-2020 신기후체제 출범

1. 역사적인 파리협정 탄생

2015년 12월 프랑스 파리에서 개최된 제21차 기후변화협약 당사국총회(COP21)에서 '파리협정(Paris Agreement)'이 채택되었으며, 이 협정을 통해 2020년 이후 국제사회의 기후변화 대응 활동을 규율하는(post-2020) 신(新)기후체제가 출범을 하게 되었다. 파리협정은 기후변화협약의 토대 위에서 탄생하였지만, 이전 교토의정서와는 확연히 다른 모습을 보여주고 있다.

파리협정은 기후변화협약이 목표하고 있는 '기후체계를 위협하지 않는 대기 중 온실가스농도의 안정화'를 달성하기 위해 금세기 말까지 산업화 이전과 대비하여 온도 상승 한도를 2℃보다 '현저히 낮은 수준(well below)'으로 제한하고, 더 나아가 1.5℃를 추구하는 것도 검토하기로 하였다. 그리고 금세기 후반부에는 온실가스의 배출과 흡수가 균형(balance)을 이룰 것을 요구하였다.

그리고 파리협정은 온실가스 감축공약과 관련하여 각국이 자국의 사정을 고려한 감축공약을 매 5년 단위로 제시하되, 이러한 공약이 상기 온도 목표를 달성할 수 있는지는 투명한 보고체계를 통해 점검할 것을 요구하고 있다. 즉, 감축공약은 개별 국가가 자발적으로 하는 상향식으로, 이행은 협정 차원에서 점검하는 하향식으로 이루어지는 '하이브리드 체제'를 구축하고 있는 것이다.

파리협정에서 주목할 부분은 소위 진전원칙 또는 '후퇴방지 원칙(no back-sliding)'이다. 이 원칙은 개별 국가가 공약을 이행하지 못했을 경우에 제재가 없는 상황에서 이들의 온실가스 감축노력의 지속적인 강화를 확보하기 위해 도입되었다. 한편 개별 국가는 자발적 감축 공약을 달성하지 못할 경우에는 동료 압력(peer pressure)에 직면하게 될 것이다.

파리협정에서는 이전 기후변화체제에서 선진국을 의미하며 사용되던 '부속서 1,

2국가'라는 표현은 사라졌다. 온실가스 감축공약은 '부속서 1국가'의 범위를 뛰어넘어 모든 국가가 자발적으로 제출해야 하며, 재원과 기술 지원은 '부속서 2국가'라는 표현보다는 다소 애매하게 선진국이 개도국을 지원하도록 규정하고 있다.

파리협정에서 흥미로운 점은 재원 분야에서 선진국과 개도국 구분 이외에 '여타 국가(other Parties)'라는 카테고리가 만들어진 점이다. 선진국의 개도국에 대한 재원 지원은 의무 사항이나, 이 새로운 카테고리 국가의 개도국에 대한 재원 지원은 자발적인 의사에 기반한다. 개도국을 실질적으로 지원하고 있는 우리나라도 이 카테고리에 해당된다고 하겠다.

신기후체제가 기후변화를 저지할 정도로 효과적인 체제인지에 대해서는 의문이 있을 수 있다. 그러나 파리협정이 주권국가들이 모인 국제사회의 현실을 토대로 국제사회가 저(低)온실가스 배출로 나아가야 한다는 장기적인 방향성을 제시한 것은 큰 성공이라고 하겠다. 파리협정이 가지고 있는 단점은 시행을 거치면서 개선되어 나갈 것이다.

2. 선진국의 이분법 타파 노력

1992년에 채택된 기후변화협약은 온실가스 감축의무가 있는 국가를 부속서 1(Annex I)에 등재하였다. 부속서 1에 기재된 국가 중 OECD 회원국은 개도국에 대해 재원 및 기술 지원 의무가 있는 부속서 2(Annex II)에 별도로 등재되었다. 1997년에 채택된 교토의정서는 이러한 리스트에 기반한 국가 구분을 그대로 사용하였다. 다만 협약의 부속서 1은 교토의정서에서는 부속서 B가 되었다.

교토의정서가 채택되기 직전 그 해 7월 미국 상원은 95 : 0의 압도적인 찬성으로 Byrd-Hagel 결의안을 통과시켰다. 이 결의안은 주요 개도국이 온실가스 감축에 참여하지 않는 어떠한 합의에도 미국이 서명하지 말 것을 요구하고 있었다. 미국의 클린턴 행정부는 이듬해 교토의정서에 서명은 하였으나, 상원에서의 통과 가능성이 희박함에 따라 교토의정서의 당사국이 되기 위한 비준 조치를 취하지 않았다.

미국의 Byrd-Hagel 결의안은 선진국들의 개도국에 대한 불만을 단적으로 나타내는 상징적인 결의안이었다. 이 결의안에는 개도국의 예시로 우리나라, 멕시코,

중국, 인도, 브라질 등 5개국이 지칭되어 있는데, 이들 중 특히 OECD 회원국이면서 개도국의 지위를 유지하고 있는 우리나라와 멕시코에 대한 선진국들의 눈총은 따갑기만 했다.

선진국들은 초기에는 부속서 1(부속서 B)을 개정하여 온실가스 감축의무를 부담하는 국가의 수를 확대하고자 하였다. 그러나 교토의정서의 부속서 개정에 관한 조항(제21조 7항)에 따르면, 부속서가 개정되기 위해서는 해당 당사국의 '서면 동의'가 요구되며 이들의 동의 없이는 부속서 개정은 원천적으로 불가능하였다. 이 서면 동의 조건은 우리나라가 의정서 협상 시 포함시켰다.

이후 선진국들은 부속서 개정이라는 조치보다는 온실가스 감축의무를 모든 국가가 부담하도록 하는 방향으로 선회하였다. 이들은 기후변화 대응의 시급성과 전지구적 대응의 필요성을 주장하며, 선진국과 개도국이라는 이분법의 토대가 된 역사적 책임 주장을 피해가고자 하였다. 기후변화정부간패널(IPCC)의 기후변화보고서는 선진국의 이러한 주장에 힘을 실어 주었다.

2012년부터 2020년까지의 기간을 대상으로 한 2012년 이후(post-2012) 기후변화체제 협상은 과도기적인 결론을 도출하였다. 선진국 중 교토의정서의 당사국인 부속서 1국가는 교토의정서의 틀 안에서 온실가스 감축의무를 부담하고, 교토의정서에 참여하지 않고 있는 미국과 교토의정서에서 감축의무가 없는 개도국들은 자발적으로 온실가스 감축노력을 전개하도록 하였다.

미국과 개도국들이 부담한 온실가스 감축노력은 '자발적 감축행동(NAMA, Nationally Appropriate Mitigation Action)'이라는 개념으로 구체화되었다. 구속력 있는 온실가스 감축의무를 요구하기가 어렵다 보니 자발적인 감축노력을 요구하게 된 것이다. 이 NAMA라는 개념이 2020년 이후 체제를 논의할 때는 '자발적 기여(NDC, Nationally Determined Contribution)'라는 개념으로 발전하였다.

파리협정의 핵심 개념인 NDC는 이전의 NAMA와 비교하여 그 성격이 법적인 구속력이 아닌 자발적인 구속력이라는 점에서 공통점이 있으나 몇 가지 차별된 특징을 가지고 있다. NDC는 우선 그 적용의 대상이 선진국과 개도국을 불문한 모든 국가이며, 둘째는 온실가스 감축문제가 핵심이지만 기후변화에 대한 적응 문제와 재원, 기술 등 이행수단까지 담을 수 있는 포괄적인 개념이라는 점이다.

파리협정으로 인해 교토의정서는 2020년 이후는 기능을 상실하게 되었으며, 기후변화체제는 기후변화협약과 파리협정으로 이루어진 신기후체제로 전환되었다. 신기후체제에서 온실가스 감축문제는 모든 국가가 자발적으로 노력하는 시스템으로 구축이 되었다. 온실가스 감축문제에 있어 선진국과 개도국이라는 이분법을 타파하고자 했던 선진국의 장기간 시도는 결실을 맺게 되었다.

3. 우리나라의 지위문제와 NDC

우리나라는 1960년대부터 경제개발을 시작하였으며, 자동차, 조선, 석유화학, 철강 등 중후장대(重厚長大) 산업을 주력으로 현재의 산업국가로 발돋움하였다. 그러나 우리나라는 선진국과 같이 기후 친화적 미래로 나아가기 위한 준비도 하면서, 중국 등 신흥개도국의 에너지 다소비 산업과도 경쟁을 해야 하는 상황에 직면했다. 온실가스 감축문제는 우리나라 환경외교의 최대 과제였다.

우리나라는 기후변화체제에 있어 온실가스 감축의무를 부담하는 부속서 1국가로 편입하라는 압박을 지속적으로 받았다. OECD 국가라는 측면에서 보면 OECD 국가가 대상이 되는 부속서 1국가의 지위가 당연하였으나, 기후변화에 대한 역사적 책임이라는 측면과 우리의 에너지 집약적인 산업구조를 고려하면 부속서 1국가가 되기에는 현실적인 어려움이 있었다.

기후변화협약과 교토의정서로 대변되는 기후변화체제에서 우리나라와 같은 특수한 처지에 있는 국가를 수용할 수 있는 국가 구분은 존재하지 않았다. 교토의정서 협상 기간 중에 선발개도국들에 대해 부속서 1국가보다는 신축성을 부여하는 방안이 논의된 적이 있었으나, 190여 개국이 모인 다자협상에서 새로운 국가 카테고리를 만드는 것은 불가능하였다.

2012년 이후 기후변화체제를 논의하는 과정에서 개도국이 기여할 수 있는 방안으로 NAMA라는 개념이 등장하고, 2020년 이후 기후변화체제에서는 NDC라는 개념이 도입됨에 따라 우리나라는 기후변화체제에서 나름대로 기여할 수 있는 공간을 확보할 수 있게 되었다. NDC라는 개념은 주권국가로 구성된 국제사회의 현실을 감안한 최선의 타협안이었다.

우리나라는 NDC 개념의 도입으로 온실가스 감축공약에 있어서 선진국과 개도국의 이분법 즉 부속서 1국가와 비부속서 1국가의 구분이 의미가 없는 상황이 조성됨에 따라 오랫동안 고민해 오던 국가 지위문제를 해결할 수 있게 되었다.

우리나라는 파리협정이 채택되기 전에 INDC(Intended NDC)라고 하는 잠정 감축공약을 제출하였으며, 이후 파리협정 비준 시 INDC를 제1차 NDC로 전환하였다. 이 INDC와 제1차 NDC는 온실가스 배출전망(BAU, Business-As-Usual)을 토대로 2030년 목표 연도의 추정 배출량을 37% 감축하는 것이었다. 이는 수치로 환산하면 851백만 톤을 536백만 톤으로 낮추는 것이었다.

우리나라가 2020년 말에 제출한 개정 NDC는 목표연도는 2030년을 유지하고 이 해의 배출 한도를 2017년 실제 배출량 대비 24.4% 감축하는 즉 536백만 톤으로 설정하는 절대량 방식을 채택하였다. 개정 NDC는 절대량 방식을 채택함으로써 기존의 INDC와 제1차 NDC가 채택한 BAU 방식을 둘러싼 변동성과 불확실성 논란을 불식시켰다.

우리나라는 2020년 온실가스 감축목표를 설정하고 그동안 노력하였으나 달성의 어려움을 경험하고 있다. 이제부터는 2030년 온실가스 감축목표를 달성하기 위해 철저한 계획 아래 총력을 기울여야 하는 시기이다. 우리가 설정한 목표는 자발적 공약이나 달성하지 못했을 경우에는 국제사회의 비난에 직면하게 될 것이다.

4. 2050 장기저탄소발전전략

파리협정은 각국에 금세기 중반(mid-century)을 목표로 한 장기저온실가스발전전략(LT-LEDS)을 2020년에 제출할 것을 요구하였다. 2018년 IPCC의 1.5℃ 특별보고서는 금세기말 온도상승을 1.5℃로 제한하기 위해서는 전지구적 이산화탄소 순배출이 2050년경에는 제로에 달해야 한다고 제시하였다. 이 보고서의 영향으로 LT-LEDS 문제는 2050년 탄소중립(Carbon Neutrality) 논의로 국면이 전환되었다.

유엔 사무총장은 2020년 12월 기후정상회의를 화상으로 주최하며 '탄소중립세계연합(Global Coalition for Carbon Neutrality)' 구성을 적극 추진하였다. 유엔은 2021년에는 전 세계 이산화탄소 배출량의 2/3를 그리고 전 세계 경제의 70퍼센트를 차지하는 국가들이 탄소중립 대의에 참여할 것으로 전망하였다. 환경 분야에서 선도적인 유럽연합(EU)은 이미 2018년부터 기후중립(Climate Neutral EU) 비전을 추진해 왔다.

우리나라는 유엔 사무총장 주최 기후정상회의에서 2050년 탄소중립 목표를 발표하였으며 이 발표를 LT-LEDS에 담아 기후변화협약 사무국에 제출하였다. 우리나라는 이 비전을 달성하기 위해 깨끗한 전기와 수소 활용, 디지털기술과 접목된 에너지 효율향상, 탈탄소 미래기술 개발, 재활용을 통한 순환경제 구축, 자연 생태계의 탄소 흡수 기능 강화를 기본 방향으로 제시하였다.

전 세계 모든 국가가 국가발전의 비전으로 탄소중립 목표를 제시하고 이 방향으로 달려가고 있다. 우리나라가 이 경쟁에서 이기기 위해서는 그린뉴딜과 디지털뉴딜로 구성된 '한국판 뉴딜'의 성공적인 이행이 중요하다.

기후변화체제의 국가 구분

	기후변화협약(1992)	교토의정서(1997)	파리협정(2015)
온실가스 감축	• 부속서 1국가(Annex I Parties) - 2000년까지 1990년 배출수준으로 • 모든 국가(All Parties) - 기후변화 대응 계획 수립 이행	• 부속서 1국가(Annex I Parties) - 공약기간(2008-2012) 감축 목표 설정 • 모든 국가(All Parties) - 기후변화 대응 계획 수립 이행	• 모든 국가(All Parties, Each Party) - 감축공약(NDC), 저배출발전전략(LEDS) • 선진국, 개도국 간 차별화 - 배출 정점, 감축 목표 유형
기후변화 적응	• 부속서 2국가(Annex II Parties) → 개도국 지원		• 모든 국가(Parties, Each Party) - 적응 관련 보고(AC)
재원 지원	• 부속서 2국가(Annex II Parties) → 개도국 지원	• 부속서 2국가(Annex II Parties) → 개도국 지원	• 선진국 → 개도국 지원 • 여타 국가(Other Parties) → 자발적 개도국 지원
기술 지원	• 부속서 2국가(Annex II Parties) → 개도국 지원	• 부속서 2국가(Annex II Parties) → 개도국 지원	• (선진국) → 개도국
능력형성 지원			• 선진국 → 개도국
보고/검증 투명성	• 모든 국가(Each Party) - 국가보고서(NC), 인벤토리 보고(NIR) • 보고의 주기, 내용 등 차등화 - 부속서 1국가/비부속서 1국가	• 모든 국가(Each Party) - 국가보고서(NC), 인벤토리 보고(NIR) • 보고의 주기, 내용 등 차등화 - 부속서 1국가/비부속서 1국가	• 모든 국가(Each Party) - 감축 보고(NIR, Progress), 적응 보고 • 선진국, 여타 국가/개도국 - 지원(제공, 기술, 능력형성)/수령 보고 • 개도국에 보고의 신축성 부여

* 부속서 1국가: OECD 국가+동구 경제전환국가(EITs), 부속서 2국가: OECD 국가

지구환경정상회의에 기여

© IISD/ENB, 리우(Rio)+20 회의 참석 정상들 단체사진(2012, 브라질)

PART 3 지구환경정상회의에 기여

1972년 스웨덴 스톡홀름에서 유엔인간환경회의(UNCHE)가 개최되었다. 스톡홀름회의는 환경 문제를 범세계적 아젠다로 등장시킨 최초의 대규모 회의였다. 스톡홀름회의는 과학기술의 진보로 인간이 환경을 개조할 수 있는 단계에 도달했음을 지적하며, 환경을 보전하고 개선하는 것이 인간의 복지에 필수적이라는 '인간환경선언'을 채택하였다.

그로부터 20년 후 1992년 브라질 리우데자네이루에서 유엔환경개발회의(UNCED)가 개최되었다. 이 회의는 1987년에 브룬트란트위원회가 '우리 공동의 미래(Our Common Future)'라는 보고서에서 발표한 지속가능발전 패러다임을 다루었다. 이 회의는 스톡홀름회의보다는 한 걸음 더 나아가 환경과 개발 간의 관계를 지속가능발전 패러다임으로 정리하고 이를 위한 실천적 행동을 제시하였다.

이전의 발전 패러다임이 환경과 개발이라는 이분법적인 대립구도에 입각하였다면, 지속가능발전은 우리 인간의 경제, 사회적 발전은 환경의 지속가능성과 연계되어 있으며 이 양자의 조화로운 관계를 추구하는 것이 중요함을 지적하였다. 또한 현재 세대를 위해 환경을 훼손하게 될 경우 미래 세대의 발전 토대가 무너지므로 세대 간의 형평성도 강조하였다.

리우회의는 동서가 대립하던 냉전이 종식되고 개발과 발전의 문제가 더욱 중요한 시대적 상황하에서 개최되었다. 이데올로기보다는 개발과 발전이 필요한 그러면서도 경제적 성취의 토대가 되는 환경에 대한 국제적 인식이 크게 높아진 상황이었다. 그러나 리우회의의 명칭에서도 알 수 있듯이 지속가능발전이 완전히 내재화되지는 못하였다.

브라질 리우회의는 국제 환경레짐의 형성에 결정적인 기여를 하였다. 리우회의에서 채택된 '리우선언'은 27개 원칙으로 구성되어 있는데, 공동의 그러나 차별화된 책임, 사전예방적 접근, 오염자 부담, 타국 환경훼손 금지 등 국제환경법의 근간이 되는 원칙들을 제시하였다. 또한 350여 페이지에 달하는 실천계획인 '의제 21(Agenda 21)'은 이후 국제사회의 행동 방향을 제시하였다.

지속가능발전은 국제사회의 발전 패러다임으로 이후 그 뿌리를 내려갔다. 2002년 남아공 요하네스버그에서는 지속가능발전 세계정상회의(WSSD)가, 2012년 브라질 리우데자네이루에서는 유엔지속가능발전회의(UNCSD)가 개최되었다. 요하네스버그 회의에서는 요하네스버그 선언문과 요하네스버그 실천계획이 채택되었으며, 리우회의에서는 '우리가 원하는 미래(The Future We want)'라는 문서가 채택되었다.

지구환경정상회의에서 채택이 되는 문서는 비구속적인 문서이다. 그러나 전 세계 거의 모든 국가에서 정상급 인사들이 참석하여 합의한 문서이기 때문에 그 도덕적인 위상은 엄청나다고 할 수 있다. 따라서 이 문서에 각국은 자국의 입장을 반영하기 위해 치열한 외교전을 펼치게 된다. 우리나라는 매 회의 때마다 활발히 참여하여 우리나라의 국익을 지키기 위해 노력하였다.

1992년 리우회의에서 우리나라는 환경기술의 이전문제에 큰 관심을 기울였다. 이는 그 당시 몬트리올의정서가 오존층 파괴물질을 규제함에 따라 이에 대한 대체물질을 확보하는 과정에서 어려움을 겪은 우리나라가 환경기술의 중요성을 절실히 느낀 결과이기도 하였다. 리우회의에서 우리나라는 개도국 협상그룹인 77그룹의 일원으로 활동하였다.

한편 2002년 요하네스버그회의에서 우리나라는 수산 분야에서 우리나라의 입장 반영을 위해 싸웠으며, 세계적인 원양 조업국으로서 공해상 어족자원의 확보를 위해 노력하였다. 그리고 2012년 브라질 리우데자네이루에서 개최된 회의에서는 '녹색성장(Green Growth)' 발전 패러다임을 제시하며 국제사회의가 보다 바람직한 방향으로 발전하는 데 기여하고자 하였다.

03 리우(Rio) 회의: 환경기술 이전 문제

1. 몬트리올의정서로 인한 충격

1984년 언론에 남극 오존층에 구멍이 뚫린 사진 한 장이 보도되었다. 이 사진은 오존층 보호를 위한 국제적 노력을 가속화시키는 계기가 되었다. '오존층 보호를 위한 비엔나협약'이 1985년 3월에 채택되고 그 해 9월에 발효되었으며, 비엔나협약을 이행하기 위한 '오존층 파괴물질에 관한 몬트리올의정서'가 1987년 9월에 채택되고 1989년 1월에 발효되었다.

몬트리올의정서는 이전의 환경협약과 비교하여 뚜렷한 차이를 보여주었다. 무엇보다도 오존층을 보호하기 위한 수단으로 비당사국과 오존층 파괴물질의 교역(수입과 수출)을 금지하는 무역조치(제4조)를 규정하였다. 그리고 이들 통제물질을 포함하거나 이를 활용해 만든 제품의 수입까지 규제하는 가능성을 열어 놓았다.

우리나라는 몬트리올의정서의 등장으로 지구환경보호를 위한 국제적 움직임에 눈을 뜨게 되었다. 우리나라는 '발등에 불이 떨어진' 몬트리올의정서 무역 규제에 대응하기 위해 의정서에 가입하는 한편, 냉장고, 에어컨 등의 냉매, 반도체나 정밀부품 세척제, 스프레이와 같은 분사제 등에 이용되는 통제물질인 프레온가스(CFCs)에 대한 대체기술 확보를 위해 외교적 노력을 경주하였다.

몬트리올의정서가 등장한 1990년대 초에 프레온가스에 대한 대체 물질을 생산하는 기술을 보유한 나라는 미국의 듀폰, 영국의 ICI, 일본의 아사히유리 정도였다. 선발개도국인 우리나라는 1986년에 프레온가스를 최초로 생산하고 본격적으로 사용하는 단계에 있었는데, 몬트리올의정서의 프레온가스 규제는 우리에게 엄청난 '충격'으로 다가왔다.

국제환경을 보호하기 위해 모든 국가가 함께 노력해야 한다는 대의에도 불구하고 이를 추구하기 위한 환경기술이라는 수단은 선진국에만 있는 비대칭적인 모순이 존재하였다. 이러한 배경하에서 우리나라는 1992년 브라질 리우데자네이루에서 개최된 유엔환경개발회의에서 환경기술에 대한 접근이 용이하도록 노력하였다.

2. 환경기술 이전문제

리우회의의 결과물인 '의제 21'의 제34장은 환경기술 관련 장이다. 이 장에는 환경기술을 3가지 유형으로 구분하고 있다. 공개된 기술(in the public domain), 공공기관 소유 기술(publicly owned), 민간 소유 기술(privately owned)로 구분하고 있다. 의제 21은 환경기술의 유형에 따라 기술이전 문제를 달리 접근하고 있다.

공개된 기술은 누구나 활용이 가능한 기술이므로 이 기술을 활용할 수 있는 능력이 중요하다. 그러나 공공기관 소유 기술이나 민간 소유 기술은 특허로 보호되어 있어 상업적 채널로 구입할 수밖에 없다. 이 특허 문제와 관련하여 선진국은 특허의 절대적 보호가 기술혁신의 원동력임을, 개도국은 지구 환경보호를 위해 특허에 대한 제약을 주장하였다.

프레온가스 문제로 대체물질 생산기술 확보에 어려움을 겪은 우리나라는 리우회의에서 개도국들과 함께 환경 기술이전을 적극 주장하였다. 무엇보다도 선진국의 공공기관이 보유한 기술 중 의지만 있으면 개도국에 이전될 수도 있는 기술이 많이 있다는 점에 주목하고, 이러한 기술이 선진국에서 개도국으로 이전될 수 있도록 공공기술 이전에 관한 문구를 반영하였다.

또한 민간이 소유한 환경기술도 지구 환경보호라는 특별한 상황하에서 활용될 수 있도록 하는 '강제실시권(compulsory licensing)'을 적극 주장하였다. 그 결과 우리나라는 선진국의 강한 반대에도 불구하고 강제실시권이라는 개념이 의제 21에 포함되는 데 일조를 하였다. 다만 이 강제실시권이 활용되기 위해서는 관련 국제법에 부합하고 민간에 공평하고 적절한 보상이 제공되어야 한다는 단서가 추가되었다.

의제 21에 공공기술 이전과 강제실시권에 관한 문구가 포함되었다고 하여 이러한 조치가 당장 실행이 될 수 있는 것은 아니다. 무엇보다도 의제 21 자체가 법적으로 구속력이 있는 문서가 아니며, 또한 관련 문안도 각국에 이행을 촉구하는 정도의 완화된 표현으로 되어 있기 때문이다. 그러나 국제사회가 의지가 있다면 이러한 문안을 토대로 진도를 더 낼 수도 있었을 것이다.

우리나라는 리우회의 이후 1996년에 OECD에 가입을 하였다. 이러한 변화는 리우회의에서 우리가 주장하였던 공공기술 이전과 강제실시권에 대한 입장을 재검토하게 하였다. 국제적으로 어느 나라가 선진국이냐 개도국이냐에 대한 객관적인 기준은 없다. 그러나 OECD 회원국을 선진국으로 보는 일반적 관행은 환경기술 이전문제에 있어 우리를 불편한 상황에 놓이게 하였다.

그리고 현실에 있어 우리나라의 환경기술 수준은 날로 발전하고 있다. OECD의 2017년 과학기술산업평가 보고서에 따르면 우리나라의 2015년 GDP 대비 연구개발(R&D)에 대한 투자는 4.2%로 세계 최고 수준으로 평가되었다. 또한 산업에 있어 로봇 활용도는 세계 1위이며, ICT 기술, AI 기술에 대한 특허 출원도 상위 5개국에 포함되는 것으로 나타났다.

환경외교가 추구하는 국익(國益)에 대해서는 깊은 고민이 필요하다. 국익을 구성하는 요소는 경제, 산업적 이익부터 국가의 국제적 위상까지 다양하며, 그 구성 요소의 비중도 시대에 따라 달라진다. 또한 국익을 현재 시점에서 바라볼 것인지 아니면 미래지향적인 관점에서 볼 것인지도 어려운 과제이다. 국익의 이러한 동태적 특성은 환경외교 과정에서 항상 유념할 필요가 있다.

'의제 21'의 공공기술과 강제실시권 관련 문안

Agenda 21-Chapter 34
Transfer of Environmentally Sound Technology, Cooperation & Capacity-Building

34.18 Governments and international organizations should promote, and encourage the private sector to promote, effective modalities for the access and transfer, in particular to developing countries, of environmentally sound technologies by means of activities, including the following:

(a) Formulation of policies and programmes for the effective transfer of environmentally sound technologies that are publicly owned or in the public domain;

(e) In the case of privately owned technologies, the adoption of the following measures, in particular for developing countries:

   iv. In compliance with and under the specific circumstances recognized by the relevant international conventions adhered to by States, the undertaking of measures to prevent the abuse of intellectual property rights, including rules with respect to their acquisition through compulsory licensing, with the provision of equitable and adequate compensation;

04 리우(Rio)+10 회의: 공해상 어족자원 배분 문제

1. 개도국의 권리 주장

2002년 8~9월에 남아공 요하네스버그에서 '지속가능발전세계정상회의(WSSD)'
가 개최되었다. 이 회의는 1992년 브라질 리우에서 개최된 유엔환경개발회의
(UNCED)의 10주년을 기념하면서 국제사회의 지속가능발전 노력을 촉진하기 위해
개최되었는데, 일명 '리우(Rio) + 10 회의'로 불렸다.

리우회의 이후 지난 10년간 국제사회의 지속가능발전 정도를 평가하면 지속가
능발전이라는 개발 패러다임도 정착되지 못했고 그 이행 성과도 훨씬 기대에 미치
지 못하는(far from satisfactory) 상황이었다. 이에 따라 WSSD에서는 국제사회의 지
속가능발전을 가속화하기 위해 '요하네스버그 선언문'과 '요하네스버그 이행계획
(JPOI)'이 채택되었다.

WSSD의 실질적인 성과물인 JPOI는 빈곤 퇴치, 생산소비패턴 변화, 자연자원
보호, 세계화, 보건, 군소도서국 및 아프리카 등 지역의 발전, 이행수단, 제도적 기반
등을 다루었다. WSSD 준비회의와 본회의에서 우리나라는 협상력을 수산 문제에
집중하게 되었는데, 이는 이 사안이 국제적으로 대표적 원양어업국인 우리나라의
이해에 크게 영향을 미치기 때문이었다.

유엔은 공해상 경계왕래성어족과 고도회유성어족에 대해 지역수산기구의 보전
및 관리 권한을 허용한 '유엔공해어업협정(UN Fish Stocks Agreement)'을 1995년에
채택했으며, 이 협정은 2001년에 국제적으로 발효되었다. 이 협정은 연안국의 관할
수역과 공해를 하나의 생태계로 묶어 공해상 어족도 지역수산기구의 영향하에 사실
상 들어가게 되는 결과를 초래하였다.

이러한 배경하에서 WSSD 준비회의에서는 이 협정보다 한 걸음 더 나아가 '공해
상 어족자원에 대해 연안개도국의 권리'를 주장하는 제안이 77그룹에 의해 제기되

었다. 우리나라는 이 제안을 새로운 권리를 창설하는 문제로 판단하여 적극 대응하였는데 당시 필자는 문안협상을 총괄하고 있었다.

2. 77그룹의 기습제안

WSSD 회의는 4회에 걸친 준비회의를 개최하였는데, 제4차 마지막 준비회의는 인도네시아 발리에서 5월 27일~6월 7일간 2주에 걸쳐 진행되었다. 발리회의에서 77그룹은 그동안 논의되지 않았던 공해상 어족자원에 대한 연안개도국의 권리문제를 제기하였다. 우리나라는 현장에서 새롭게 대두된 사안에 대해 대응방안을 모색해야 했다.

남아공이 주축이 된 77그룹의 제안은 "공해상 어족에 대한 접근 권리를 연안개도국에 배분하는 문제를 관련 수산 기구에서 검토하도록 권장한다"는 내용이었다. 국제적으로 공해상에 있는 어족은 누구의 소유도 아니며 공해상에서는 '조업의 자유(freedom of fishing)'가 보장됨을 감안할 때 77그룹의 제안은 받아들이기가 어려운 제안이었다.

미국은 수차례 77그룹 제안에 수정 제안을 하면서 문안을 완화하는 노력을 하였으나 기본적으로 77그룹의 제안에 반대하지는 않고 있었다. 그리고 EU 등 여타 선진국들도 미국이 취하고 있는 정도의 협상 태도를 보이고 있었다. 수산관련 협상에서 통상적으로 우리나라와 같은 입장을 취하는 일본도 77그룹의 제안에 대해 침묵하고 있었다.

이러한 배경에는 WSSD 회의가 개도국의 빈곤퇴치 등 개발문제에 대해 국제사회의 노력을 촉구하는 측면이 강했고, 각 지역수산기구에서 공해상 경계왕래어족 및 고도회유성어족의 쿼타 문제를 다루고 있는 현실을 반영하고 있었던 점이 작용하였다. 그리고 77그룹의 최초 제안이 협상을 통해 많이 완화된 측면도 동 문제를 긍정적으로 바라보도록 하였다.

발리회의에서 우리나라는 고립되었다. 수산 관련 협상을 담당했던 작업반 의장은 주요 국가들의 지지가 없는 상황에서 우리나라가 입장을 고집하지 말 것을 강하게 요청하였다. 그러나 우리나라는 77그룹 제안의 핵심인 '권리(rights)'에 대해 이견이 있음을 주장하며 동 제안에 합의할 수 없다는 입장을 밝혔다.

3. WSSD에서의 결전

WSSD 본회의는 남아공 요하네스버그에서 8월 26일~9월 4일간 개최되었으며, 사전 실무회의가 이틀간 본회의 직전에 개최되었다. 국제회의에서는 통상 협상그룹별로 대책회의를 개최하는데, 우리나라는 JUSCANZ(OECD내 비EU국가) 그룹의 일원으로 8월 23일 대책회의에 참석하였으며, 77그룹의 공해상 어족자원의 배분 문제에 이견이 있음을 발언하였다.

이 회의에서 대다수 국가들은 침묵하였으나, 노르웨이가 우리나라의 주장이 논리적으로 정당하다고 지지를 하였다. 노르웨이의 지지는 전혀 기대하지 않았던 성과였으며, 이 사안과 관련하여 고립되었던 우리나라는 우군을 확보하게 되었다. 이후 우리나라는 주요 국가들을 대상으로 침묵하지 말고 논의에 적극 참여할 것을 요청하였다.

회의 기간 중에 우리나라는 일본, 노르웨이, 캐나다, 뉴질랜드, EU의 지지를 확보하였다. 또한 미국도 초기에는 연안개도국의 권리 주장 표현이 많이 완화되어 수용에 문제가 없다는 입장이었으나, 우리의 설득에 우리나라의 입장을 지지하게 되었다. 그러나 남아공을 필두로 한 77그룹은 기존의 입장을 주장하며 전혀 타협의 기미를 보이지 않았다.

우리나라의 끈질긴 노력으로 8월 27일 오후에 미국, 일본, 캐나다, 뉴질랜드, 77그룹 등과 비공식 협의가 추진될 예정이었다. 그러나 이날 오전에 실무작업반 의장인 남아공 대사가 직권으로 동 의제를 전체회의에 상정하였다. 우리나라는 오후 비공식 협의 이후에 결론을 내리자고 주장을 하였으나 의장의 강한 압박에 격론 끝에 미국의 중재안으로 타협을 하였다.

미국의 중재안은 유엔해양법협약을 인용한 문안으로 유엔공해어업협정에 근거하여 지역수산기구가 연안국과 개도국을 고려할 것을 요청하는 내용이었다. 우리나라는 미국의 중재안이 완벽하지는 않으나 '공해상 어족에 대한 연안개도국의 권리'를 주장하는 77그룹의 최초 제안을 상당히 완화시킨 문안으로 평가하여 중재안에 동의하였다(JPOI, 제31(e)항).

4. 협상 관련 소회

국제회의는 정부 입장 변화, 참석자의 성향 등 여러 요인으로 매 회기마다 역동성이 달라지는 경우가 많다. WSSD회의에서도 준비회의와 최종 본회의에서의 역동성은 상이하였다. 핵심적인 이익이라고 판단되는 사안인 경우에는 최종적으로 결론이 나기 전까지는 포기하지 않는 것이 중요하다. 그러다 보면 예상하지 못했던 새로운 국면을 맞이할 수도 있게 된다.

WSSD회의와 같이 국제적 이목이 집중된 그리고 다수의 국가가 동의하고 있는 상황에서 소수의 의견을 개진하는 것은 쉬운 일이 아니다. 그러나 해당 사안이 국익에 큰 영향을 미치는 사안이라면 적극적으로 의견을 개진하고 반영하기 위해 최대한 노력하여야 한다. 이 경우에도 의견이 정당하고 논리적이면 설득력은 배가될 수 있다.

또한 우리나라의 주장이 받아들여지지 않을 가능성에 대해서도 대비하여야 한다. 국제회의에서 자국의 주장이 받아들여지지 않을 경우에는 통상적으로 회의 문서에 기록으로 남겨 달라고 요구를 하게 된다. 우리나라도 WSSD회의에서 우리의 노력이 성과를 거두지 못할 경우 우리의 입장을 기록에 남기기 위해 10년 전 리우회의의 문서를 살펴보기도 하였다.

77그룹의 공해상 어족자원에 대한 권리 주장 문안
(인도네시아 발리, 2002.5.27.~6.7.)

77그룹의 신규 제안 (5.27)

Address the question of distribution of high seas stocks and their fishery resources, in particular the allocation to developing coastal states, mindful that this distribution must be appropriated in a sustainable manner by not over-burdening natural stocks with excessive exploitation rates

77그룹의 수정 제안 (5.27)

Encourage relevant regional fisheries management organizations and arrangements to address the allocation of access rights for high seas stocks, including straddling and highly migratory fish stocks, to developing coastal states, mindful of the criteria set out in the UNFA [UN Fish Stocks Agreement]

Johannesburg Plan of Implementation
합의 문안

31. To achieve sustainable fisheries, the following actions are required at all levels:

(e) Encourage relevant regional fisheries management organizations and arrangements to give due consideration to the rights, duties and interests of coastal States and the special requirements of developing States when addressing the issue of the allocation of share of fishery resources for straddling stocks and highly migratory fish stocks, mindful of the provisions of the United Nations Convention on the Law of the Sea and the Agreement for the Implementation of the Provisions of the United Nations Convention on the Law of the Sea of 10 December 1982 relating to the Conservation and Management of Straddling Fish Stocks and Highly Migratory Fish Stocks, on the high seas and within exclusive economic zones;

05 리우(Rio)+20 회의: 녹색성장의 세계화

1. 저탄소 녹색성장

2008년 8월 이명박 대통령은 '저탄소 녹색성장(Low Carbon, Green Growth)'을 국가 발전 전략으로 발표하였다. 저탄소 녹색성장은 이후 녹색성장으로 브랜드화되었는데, 이 발전 전략은 경제, 산업구조를 저탄소로 전환하여 기후변화에 대응하고 신재생에너지, 저탄소 신산업 등에서 새로운 성장 동력을 찾고자 하는 것이었다.

우리나라는 녹색성장 전략에 따라 대통령 직속의 녹색성장위원회를 2009년 2월에 설립하고 저탄소녹색성장기본법을 2010년 1월에 제정하였다. 이 조치들로 정부는 녹색성장을 추진할 수 있는 제도적 기반을 갖추게 되었다. 그리고 온실가스 배출을 통제하기 위한 온실가스배출권거래제법도 2012년 5월에 도입하였다.

우리나라는 녹색성장 발전 전략에 따라 2009년 코펜하겐 기후변화회의에서 2020년을 목표로 한 의욕적인 온실가스 감축 목표를 발표하였다. 또한 녹색성장 발전 전략을 국제사회와 공유하기 위해 글로벌녹색성장연구소(GGGI)를 2010년 6월에 설립하였으며, 이후 2012년 10월에 GGGI를 국제기구로 전환하여 위상을 제고시켰다. GGGI는 OECD, World Bank, UNEP과 함께 녹색성장지식플랫폼(GGKP, Green Growth Knowledge Platform)을 발족하였다.

한편 우리나라의 적극적인 노력으로 OECD는 2009년 5월 각료회의에서 '녹색'과 '성장'은 함께 갈 수 있음을 선언하며, OECD 프로젝트로 녹색성장전략(Green Growth Strategy)을 수립하기로 결정하였다. 그리고 G20에서도 녹색성장이 논의되었는데, 2012년 6월 멕시코에서 개최된 G20 회의에서는 '포용적 녹색성장(inclusive green growth)'이 정상 선언문에서 다루어졌다.

이러한 가운데 우리나라는 녹색성장의 선도국(first mover)으로 인식되었으며, 녹색성장은 우리나라의 브랜드가 되었다. 이러한 자산을 토대로 우리나라는 2012년

6월 리우＋20 회의에서 국제사회의 발전 전략으로 녹색성장 전략이 회의 결과문서에 반영될 수 있도록 노력하는 한편 부대행사 등을 통해 이 전략을 소개하는 노력을 적극 전개하였다.

2. 우리가 원하는 미래

브라질 리우＋20 회의는 '지속가능발전과 빈곤퇴치를 위한 녹색경제'와 '지속가능발전을 위한 제도적 틀'이라는 두 개의 큰 주제를 중심으로 진행되었는데, 최종 결과물로 '우리가 원하는 미래(The Future We Want)'라는 문서를 채택하였다. 이 문서는 국제사회의 기존 공약의 재확인, 녹색경제의 적극 추진, 관련 기구의 기능 강화, 26개 우선 분야별 행동계획 설정, 재정 및 기술 등 이행수단 확보를 다루고 있다.

국제사회가 합의한 '우리가 원하는 미래'는 사람이 중심이 되고 정의롭고, 공평하고, 포용적인 세계이다. 이 세계는 지속가능발전을 통해 추구되어야 하며, 녹색경제는 지속가능발전을 위한 주요 수단 중 하나임이 강조되었다. 그리고 지속가능발전목표(SDGs)를 만들고, 유엔지속가능발전위원회(CSD)를 대체하는 고위급정치포럼(HLPF)을 신설하고, UNEP는 총회를 집행이사국 중심에서 모든 국가가 참여하는 보편적 회원제로 전환시키기로 하였다.

녹색경제는 UNEP가 2008년 10월 '녹색경제 이니셔티브(Green Economy Initiative)'를 출범함으로써 국제적으로 주목을 받기 시작한 발전 전략이다. 우리나라는 리우＋20 회의의 기본 방향이 녹색경제로 설정이 되어 있고, 국제적으로 녹색경제와 녹색성장은 혼용되어 사용되고 있어 이 회의에 부가가치를 더하는 방향으로 협상에 참여하였다.

구체적으로 2012년 1월에 출범한 녹색성장지식플랫폼(GGKP)을 녹색경제를 이행하는 수단 중 하나로 제시하였다. 우리나라는 회의 주최국인 브라질과 개도국 협상그룹인 77그룹 등을 접촉하며 녹색성장과 GGKP를 설명하였다. 이러한 활동을 통해 우리나라는 녹색경제를 진작시키는 수단으로 '기존 또는 새로 등장할 플랫폼(제66(e)항)'을 언급하는 문구를 합의문에 포함시켰다. 비록 GGKP에 대한 구체적 언급이 문안에 포함되지는 못했으나 GGKP가 역할을 할 수 있는 공간은 확보하였다.

한편 문서 협상에 참여하는 것과는 별도로 우리나라는 수석대표 연설을 통해 우리나라가 녹색성장을 추구해 온 그동안의 과정과 성과를 설명하고, GGGI, GGKP 등을 통해 국제사회의 녹색성장을 위해 노력할 것임을 발표하였다. 그리고 회의 기간 중 GGGI를 우리나라 주도의 연구소에서 국제기구로 전환하는 서명식을 개최하였다.

리우＋20 회의는 국제사회가 나아가야 할 방향 즉 녹색경제/녹색성장에 대한 우리나라의 기여의지를 밝히는 자리가 되었다. 그리고 이를 통해 '넓은 의미의 국익' 즉 우리나라의 국격을 제고시켰다.

3. 녹색경제와 녹색성장

리우＋20 회의는 녹색경제를 지속가능발전을 달성하는 데 있어 가용한 중요 수단 중 하나로 규정하고 있다(제56항). 이 설명에 따르면 녹색경제는 지속가능발전의 하위 개념이며 수단인 셈이다. 그리고 녹색경제가 경제 중심적 표현이라는 우려는 '지속가능발전과 빈곤퇴치의 맥락에서' 고려되어야 한다는 전제와 조건들을 부과하여 불식시키고자 하였다.

녹색경제와 녹색성장은 '녹색'과 '경제/성장'이 함께 갈 수 있다는 메시지를 담고 있다. 국제상공회의소(ICC)는 녹색경제는 전략적, 거시경제적 정책을 포함하는 하향식 접근(top-down)을 취하는 반면에, 녹색성장은 제품, 공정, 서비스, 기술, 공급망 등을 녹색화하는 상향식 접근(bottom-up)을 추구한다고 설명한 바 있다. 그러나 녹색경제와 녹색성장은 국제적으로도 혼용되어 사용될 정도로 그 차이를 설명하기는 쉽지 않다.

녹색경제와 녹색성장 발전 전략이 국제적으로 등장하고 주목을 받게 된 배경에는 2008년에 국제사회를 강타한 금융위기가 있었다. 국제 금융위기는 국제경제를 심각한 침체로 몰아갔으며 이를 극복하기 위해 케인즈 경제학적인 대규모 투자가 필요하였다. 많은 국가에서 예산의 조기 집행, 통화의 양적 완화 등을 통해 마련된 재원을 환경에 투자하는 그린뉴딜(Green New Deal)을 추진하였다.

환경에 대한 투자는 기후, 생태계 등 자연자본에 가치가 부여되지 않음으로 초래될 수 있는 '시장의 실패'를 교정할 수 있다. 그리고 환경 분야에 대한 연구개발과 혁신을 통해 새로운 성장 동력원을 창출해 낼 수도 있다. 환경보호가 필요하다는 당위론적인 접근에서 이제는 환경에 대한 투자를 적극적으로 해석하고 활용하는 발전 전략이 필요하게 되었다.

　녹색경제와 녹색성장은 기본적으로 환경과 경제의 두 측면에 초점을 맞추고 있다. 그렇다 보니 사회적 측면에 대한 고려의 부재 또는 취약성이 지적되곤 하였다. 물론 환경과 경제가 상생할 경우 사회 발전도 따라올 수 있다. 그러나 국제사회는 보다 적극적인 사회 대책을 요구하였다. 이런 연유로 리우+20 회의에서 녹색경제에 여러 단서가 붙게 되었다.

　이제는 녹색경제, 녹색성장에 '공평한(equitable)' '포용적인(inclusive)' 등의 수식어가 붙는다. 이렇게 될 경우 경제, 사회, 환경의 세 축을 이야기하는 지속가능발전과 차별성이 없어지는 것이 아닌가 하는 생각도 해 볼 수 있다. 그러나 두 축을 강조하면서 보완적으로 한 축에 대해 신경을 쓰는 것은 세 축을 동등하게 강조하는 것과는 다르다고 볼 수 있다.

　이제 녹색경제와 녹색성장은 국제사회의 지속가능발전을 추구하는 '하나의' 실천적 방안으로 자리를 잡았다.

리우+20 지구환경정상회의 합의문

The Future We Want

III. Green economy in the context of sustainable development and poverty eradication

56. We affirm that there are different approaches, visions, models and tools available to each country, in accordance with its national circumstances and priorities, to achieve sustainable development in its three dimensions which is our overarching goal. In this regard, we consider green economy in the context of sustainable development and poverty eradication as one of the important tools available for achieving sustainable development and that it could provide options for policymaking but should not be a rigid set of rules. We emphasize that......

66. Recognizing the importance of linking financing, technology, capacity-building and national needs for sustainable development policies, including green economy in the context of sustainable development and poverty eradication, we invite the United Nations system, in cooperation with relevant donors and international organizations, to coordinate and provide information upon request on:

(e) Existing and emerging platforms that contribute in this regard.

환경회의 주최로 위상 제고

© IISD/ENB, 창원 람사르협약 제10차 당사국총회(2008, 한국)

PART 4 환경회의 주최로 위상 제고

국제사회에서는 크고 작은 국제회의가 열린다. 환경 분야의 경우 1992년에 열린 브라질 리우회의와 매 10년마다 개최되는 후속 회의, 국제적 관심을 받고 있는 기후변화회의 등은 2~3만 명 이상이 모이는 대규모 회의이다. 그리고 이보다 규모는 작지만 국제환경협약 당사국총회에는 수천 명이 참석하고, 지역 또는 소지역회의에는 수십 또는 수백 명이 참석을 한다.

국제환경회의를 유치하게 되면 우선 생각할 수 있는 혜택은 국격(國格)을 높일 수 있다는 것이다. 회의에서 다루는 현안에 대한 국제적 관심이 크면 클수록 회의를 유치한 국가는 주목을 받게 된다. 특히 개최지의 이름을 딴 협약, 의정서, 선언문 등의 성공적인 결과물을 만들어 내게 되면 이러한 효과는 더욱더 배가된다고 할 수 있다.

대규모 회의의 경우 이러한 회의를 유치할 수 있는 기반시설이 있는 경우는 비용을 절감할 수 있으나 없는 경우는 상당한 준비 비용이 소요된다. 국제회의의 준비 비용에도 불구하고 유치에 따른 혜택이 크기 때문에 어느 정도 국력이 뒷받침되는 국가들은 국제회의 유치 경쟁에 뛰어들게 된다. 우리나라도 예외는 아니다.

환경 분야에서 2008년 창원에서 개최된 람사르협약 당사국총회, 2010년 부산에서 개최된 생물다양성 관련 과학정책기구(IPBES)회의는 좋은 유치사례이다. 람사르총회는 성공적으로 개최되어 국격을 높였을 뿐만 아니라 국내에서는 '환경 올림픽'으로 소개되며 국민들의 환경에 대한 인식제고에도 기여하였다. 그리고 IPBES회의는 규모는 크지 않았지만 IPBES 설립 결정을 이끌어 낸 우리나라의 역할이 평가를 받은 회의였다.

그러나 우리나라가 유치를 시도하였으나 그 꿈을 이루지 못한 회의들도 있다. 2002년에 개최된 '리우＋10 회의'와 2012년에 개최된 기후변화회의가 대표적이며, 두 회의 모두 국제적인 주목을 받을 수 있는 큰 규모의 회의였으나 유치에 성공하지 못했다. 리우＋10 회의는 개도국에서 개최되어야 한다는 개도국들의 열망에 따라 남아공이 개최지가 되었으며, 2012년 기후변화회의는 아시아에서 경쟁하던 카타르로 개최지가 결정이 되었다.

우리나라는 1996년 12월 OECD에 가입을 하였으며, 이듬해 4월에 개도국들의 모임인 77그룹을 탈퇴하였다. 리우＋10 회의의 경우 유엔총회에서 표 대결이 벌어졌을 때 우리나라는 130개국 이상이 모인 77그룹의 지지를 확보할 수 없는 상황이었다. 그리고 기후변화회의는 중동이라는 특수성을 배경으로 적극적인 공세를 펼친 카타르에 우리나라가 양보를 할 수밖에 없었다.

우리나라의 국제회의 유치는 갈수록 쉽지 않을 것이다. 표 대결이 벌어지는 상황에서 '우군'을 확보하기가 쉽지 않기 때문이다. 선진국들도 이러한 고민을 하고 있는 것 같다. 그렇다고 선진국들이 국제회의 유치를 포기하고 있는 것은 아니다. 오히려 이들은 국격을 제고할 수 있는, 그러면서도 유치 가능성이 있는 국제회의를 선별하여 접근하고 있다.

06 '환경 올림픽' 람사르총회

1. 성공적인 개최

2008년 10월 28일부터 11월 4일까지 경상남도 창원에서 국제적으로 중요한 습지의 보전과 현명한 이용을 목적으로 하는 람사르협약 제10차 당사국총회가 개최되었다. 창원 람사르총회는 우리나라에서 개최된 최초의 국제환경협약(MEAs) 당사국총회로서 150여 개국 2천여 명이 참석한 상당히 규모가 큰 회의였다.

창원총회가 끝났을 때 참석자들은 창원총회가 람사르총회의 수준을 '10년 앞당겼다'는 후한 평가를 하였으며, Anada Tiega 람사르 사무총장은 우리나라에 대한 감사서한에서 창원총회를 '완벽한 성공(a superlative success)'으로 평가해 주었다. 국내의 언론들도 창원총회에 대한 평가에 인색하지 않았다.

창원총회가 성공을 거둘 수 있었던 배경에는 국제적 수준의 회의장과 부대시설, 창원 선언문 포함 32개의 결정문 채택 그리고 이를 가능하게 한 회의의 원만한 진행 등 하드웨어와 소프트웨어가 조화를 이루었기 때문이라고 생각된다. 창원총회의 대표적 성과물인 '창원 선언문'은 람사르협약을 2012년 차기 총회까지 대외적으로 소개하는 중요한 수단이 되었다.

회의가 성공적으로 진행되기 위해서는 의장의 역할이 중요하다. 람사르총회의 경우는 그동안 장관들이 의장을 맡고 의장을 보좌하는 사람이 실질적인 역할을 수행해 왔다. 창원총회는 그동안 관례적으로 운영되어 오던 '교체 의장(Alternate President)'의 역할을 의사규칙을 개정하여 제도화하였으며, 필자는 교체의장으로 역할을 하였다.

국제사회에서 자국의 위상을 자연스럽게 높일 수 있는 방법 중의 하나는 국제회의를 유치하고 이를 성공적으로 개최하는 것이다. 창원 람사르총회는 우리에게 큰 규모의 국제회의를 차질 없이 치를 수 있다는 자신감을 주었으며, 이러한 자신감은 더 큰 국제행사를 치를 수 있는 토대가 되었다. 국제사회에 기여하는 외교를 추진하는 우리에게 앞으로 더 많은 국제회의 유치의 기회가 주어질 것이다.

2. 창원총회의 성과물

창원총회의 대표적 성과물로는 창원 선언문(The Changwon Declaration on human well-being and wetlands)을 우선 꼽을 수 있다. 창원 선언문은 람사르 협약에 친숙하지 않은 국제사회에 대한 아웃리치가 주된 목적이었다. 우리나라는 차기 총회까지 이 선언문이 잘 이행이 되도록 후속조치를 담당하였다.

국제회의의 결과물은 결정문의 형태로 나타난다. 창원총회에서는 32개의 결정문이 채택되었는데, 그중에 우리나라와 일본이 공동으로 추진한 논습지 결정문은 주목할 만하다. 이 결정문은 논을 식량 생산지로서의 기능뿐만 아니라 인공습지로서 생물다양성의 보고라는 관점에서 조명하였다. 우리나라는 총회 직전에 강화도 매화마름을 람사르 습지로 등록하였는데, 이는 논이 람사르 습지로 등록된 최초의 사례였다.

논 습지 결정문에 대해 초기 논의과정에서 우려가 제기되었다. 대표적인 우려는 이 결정문이 습지를 논으로 전용할 가능성을 증가시키는 것이 아닌가 하는 것이었다. 우리나라와 일본은 이러한 우려를 불식시키기 위해 이 결정문이 기존의 자연습지를 논으로 전용하거나 또는 토지를 논으로 전용하는 것을 정당화하기 위한 것이 아님을 명확히 하였다.

결정문과 관련하여 언급할 만한 것은 새만금과 관련된 것이다. 국제사회는 세계 5대 갯벌에 속하는 우리나라의 서해안과 남해안 갯벌에 큰 관심을 가지고 있었다. 우리나라의 갯벌은 철새들의 시베리아와 대양주(호주, 뉴질랜드) 이동 경로인 동아시아 비행로(East Asian-Australasian Flyway)의 중간기착지로서 철새들에게 먹이와 휴식공간을 제공하고 있었다.

이러한 배경하에서 지난 제9차 우간다 캄팔라총회에 이어 금번 제10차 창원총회에서도 새만금의 생태적 변화 특히 철새 수의 변화를 사무총장에게 보고할 것을 권고하는 결정문이 채택되었다. 새만금은 람사르협약이 개입하는 람사르습지는 아니나 국제적인 관심이 커서 우리나라는 권고사항을 긍정적으로 수용하였다.

한편 경상남도는 람사르총회의 가시적 성과물로 창원에 동아시아 지역의 습지 보전 활동을 지원할 '동아시아 람사르 센터(Ramsar Regional Centre for East Asia)' 설립을 추진해 왔다. 그리고 금번 총회에서 동아시아 람사르 센터에 대한 결정을 이끌어 내어 총회 이후에 센터를 출범할 계획을 가지고 있었다.

그러나 우리의 기대와는 달리 람사르 협약의 재정 상황상 개별 지역 이니셔티브에 대한 어떠한 결정도 이루어질 수 없는 상황이 전개되었다. 이 상황에서 협약사무국에서는 총회 개최국에 대한 감사 결의안에 우리나라의 람사르센터 설립의향을 확인한다는 문안을 제안하였으나, 우리나라는 동 센터의 출범을 '환영'하는 문안을 반영시켜 이후 설립을 추진할 수 있는 동력을 확보하였다(Resolution X.32).

3. 상임위원장 피선

우리나라는 총회 기간 중 의장국으로서 역할을 잘 수행하여 참석자들로부터 좋은 평을 받았다. 그 결과 2012년 상반기에 개최되는 차기 루마니아 총회까지 람사르 협약의 활동을 조율하는 상임위원회(Standing Committee)의 의장으로 필자가 선출되었다. 이 결정으로 우리나라는 총회가 개최되지 않는 기간에도 창원총회의 후속 조치를 이어 나갈 수 있게 되었다.

상임위원회는 아시아, 아프리카, 유럽, 북미, 오세아니아, 신열대구 등 6개 람사르 지역에서 선출된 16개국과 금번과 차기 총회의장국을 합친 18개국으로 구성되며, 스위스, 네덜란드가 영구 옵저버로 참여하고 있다. 그리고 Wetlands International, WWF, IUCN, Birdlife International, IWMI 등 5개 파트너 국제기구(IOPs)가 옵저버로 활동하고 있다

창원총회 기간 내내 우리나라는 상임위원회 의장직 수임을 자신하지는 못했다. 일부 상임위원들은 상임위원장은 개인의 능력을 고려하여 선출해야 한다고 주장하였다. 역대 상임위원회 의장들을 살펴보면 회의 주최국에서 의장직을 당연히 수임하는 것은 아니었다. 다행히 이 문제는 우리나라가 회의를 성공적으로 잘 마무리함에 따라 자연스럽게 해결이 되었다.

07 역사적인 부산 IPBES회의

1. 부산 합의문 탄생

IPBES의 정식 명칭은 '생물다양성과 생태계 서비스에 관한 과학 – 정책 정부 간 기구'이다. IPBES의 목표는 생물다양성과 생태계 서비스에 관한 권위 있는 평가보고서 발간을 통해 이 분야에 있어 합리적인 결정을 지원하는 데 있다. IPBES는 '기후변화 정부 간 패널(IPCC)'을 모델로 하고 있으며, IPBES 설립은 국제사회의 오랜 기간 숙원이었다.

부산회의는 UNEP이 주관한 IPBES 설립을 위한 세 번째이자 마지막(a third and final) 정부 간 협상회의였다. 1차 회의는 2008년 11월 말레이시아, 2차 회의는 2009년 10월 케냐에서 개최되었다. 우리나라는 IPBES 논의의 중요성과 '마지막' 협상회의인 3차 회의가 갖는 상징성을 고려하여 이 회의를 유치하게 되었다.

그러나 부산회의를 준비하는 과정에서 예상치 못한 상황에 봉착하였다. 우리나라는 회의 유치국으로서 당연히 의장 역할을 수행할 것으로 생각하였으나, UNEP과 다수의 서구국가들은 3차 회의의 의장을 IPCC 전 의장이며 1차와 2차 회의에서 의장 역할을 수행했던 Robert Watson이 맡아야 한다는 의사를 전달해 왔다.

우리나라는 이들의 의견은 존중하지만 회의 장소만 제공하는 역할은 있을 수 없음을 주장하였다. 이 문제는 필자와 Robert Watson, UNEP의 담당 사무국장 Ibrahim Thiaw 간 3자 협의를 통해 필자가 의장직을, Robert Watson이 부의장직을 맡되, 회의진행은 의제를 나누어 사회를 보는 방식으로 타결하였다.

IPBES 부산회의는 2010년 6월 7~11일간 개최되었으며 85개국의 정부대표, UNEP, UNESCO, IUCN 등 관련 국제기구, 국제민간단체 대표 등 230여 명이 참석하였다. 회의는 11일 밤늦게까지 진행되었는데, 마지막 순간에 합의에 반대하는 일부 국가들도 있었으며, 합의 결과를 유엔총회에 권고할 수 있느냐는 문제를 놓고 격론이 벌어져 합의가 지연이 되는 일도 발생하였다.

필자는 의장으로서 이번 회의가 IPBES 설립여부를 결정하는 마지막 회의이며 더 이상의 추가 회의가 없다는 점을 강조하며, 반대하는 국가들을 설득하고, 유엔총회에 권고하는 문제는 좀 더 완화된 표현으로 정리를 하였다. 최종적으로 유엔 산하에 독립적인 정부간기구를 설립하고, UNEP에 후속작업을 요청하는 '부산 합의문(Busan Outcome)'이 채택되었다.

2. 유엔총회 결의문 채택

UNEP은 2010년 6월 11일자 보도 자료를 통해 부산회의에서의 합의가 생물다양성과 생태계서비스 분야에 있어 기준(Gold Standard)이 될 새로운 정책기구의 탄생에 청신호를 주었으며, 이는 2010년 국제 생물다양성의 해에 돌파구가 되었다고 하였다. 또한 '한국의 항구 도시 부산에서 역사가 만들어졌다'는 표현을 사용하면서 회의 결과를 높이 평가하였다.

IPBES 설립은 국제사회의 오랜 기간 염원이었다. IPBES 논의는 2005년 발간된 유엔의 '새천년생태계평가(Millennium Ecosystem Assessment)'의 후속조치를 논의하면서 시작되었다. 초기에는 프랑스가 Jacques Chirac 대통령의 적극적인 지원으로 추진하였으며, 이후 UNEP이 프랑스로부터 배턴을 이어 받아 추진하게 되었다.

부산회의에서 합의한 대로 IPBES가 유엔 산하의 독립적인 정부 간 기구가 되기 위해서는 유엔총회의 결의가 필요하였다. 우리나라는 부산회의의 주최국으로서 7월에 부산회의에 대한 배경설명과 부산 합의문 그리고 IPBES 설립을 결정하는 결의문 초안을 유엔에 제출하면서 IPBES 의제가 그 해 제65차 유엔총회에서 다루어질 것을 요청하였다.

그러나 뉴욕의 77그룹 내에서는 IPBES 설립 자체에 유보적이거나, 설립의 주도적 역할은 UNEP이 아니라 생물다양성협약(CBD)이 맡아야 한다는 국가들이 있었다. 77그룹 내의 반발 기류를 감안하여 우리나라는 의제 상정 요청을 일단 철회하였으며, IPBES 설립을 지지하는 EU와 77그룹 내부의 우호적인 국가들을 대상으로 지지교섭을 전개하였다.

UNEP과 IPBES 설립 지지 국가들은 유엔총회가 IPBES 설립을 지지하는 독립적인(stand-alone) 결의문을 채택할 것을 주장하였으나 이를 관철하지는 못했다. 유엔총회는 2010년 2월에 있었던 UNEP의 인도네시아 발리 특별당사국회의 보고서에 관한 유엔총회 결의문(A/RES/65/162, 제17항)에 UNEP으로 하여금 IPBES 설립을 위한 본회의를 소집할 것을 요청하는 내용을 포함시켰다.

3. IPBES 사무국 유치 노력

2012년 4월 파나마 수도 파나마시티에서 개최된 제2차 IPBES 회의에서 IPBES의 사무국 소재지를 결정하기 위한 투표가 진행되었다. IPBES가 국제기구로서 본격적으로 활동하기 위한 최종 작업이었다. IPBES 사무국 유치에는 우리나라(서울), 독일(본), 프랑스(파리), 케냐(나이로비), 인도(도시 미정) 등 5개국이 경합을 벌였다.

사무국을 유치하기 위해서는 과반의 지지를 획득하여야 했다. 과반의 지지를 획득한 국가가 없으면 최하위 국가를 탈락시키는 방식으로 사무국 소재지 결정을 위한 투표가 진행되었다. 경합은 치열하였으며, 사무국 소재지는 4차에 걸친 투표 결과 독일 본으로 결정되었다.

1차 투표 결과는 우리나라 32표, 독일 24표, 케냐 20표, 프랑스 7표, 인도 5표였으며, 2차 투표에서는 우리나라 36표, 독일 28표, 케냐 19표, 프랑스 6표였다. 1, 2차 투표로 인도, 프랑스가 차례로 탈락한 가운데 3차 투표에서는 우리나라 38표, 독일 34표, 케냐 18표의 결과가 나왔다. 하지만 마지막 4차 투표에서는 47표 대 43표로 독일이 우리나라를 역전하였다.

우리나라와 독일의 승패는 양국이 제공하는 유치 조건의 차이에서 나타났다고 볼 수 있다. 우리나라의 유엔 기구의 유럽 편중이라는 설득도 독일이 제시한 월등한 재정지원 조건을 뛰어넘을 수는 없었다. 우리나라는 IPBES 사무국 유치를 위해 7년간 700만 달러 지원을 약속하였으나, 독일은 매년 650만 달러 지원을 약속하였다.

IPBES 사무국 유치 경쟁에서 우리나라는 독일에 석패를 하였다. 아쉬움이 많이 남는 순간이었다. 그러나 우리나라의 국제 환경분야 역량이 크게 향상되어 국제 환경분야, 특히 생물다양성 분야에서 주도적인 역할을 해 오던 독일, 프랑스 등을 상대로 선전을 펼칠 수 있었던 점은 큰 성과였다고 할 수 있다.

UNEP의 IPBES 설립 결정 환영 보도자료

Breakthrough in International Year of Biodiversity, as Governments Give Green Light to New 'Gold Standard' Science Policy Body

Busan/Nairobi(sic), 11 June 2010 – History was made on June 11, 2010, in the southern, South Korean port city of Busan, when Governments gave the green light to an Intergovernmental Science Policy Platform on Biodiversity and Ecosystem Services(IPBES).

The independent platform will in many ways mirror the Intergovernmental Panel on Climate Change(IPCC) which has assisted in catalyzing worldwide understanding and governmental action on global warming.

The new body will bridge the gulf between the wealth of scientific knowledge – documenting accelerating declines and degradation of the natural world – and the decisive government action required to reverse these damaging trends.

....

Achim Steiner, UN Under-Secretary-General and Executive Director of the UN Environment Programme(UNEP), which has coordinated this week's meeting, said: "The dream of many scientists in both developed and developing countries has been made reality."

Chan-Woo Kim, Director-General of the Ministry of Environment of the Republic of Korea who chaired the third meeting this week, said: "This historic agreement will lay the foundation for us to have full scientific assessment for appropriate policy responses for human well-being on the Planet."

제65차 유엔총회의 IPBES 설립 후속조치 요청
결의문(A/RES/65/162, 2010.12.20.)

Reports of the Governing Council of the United Nations Environment Programme on its eleventh special session

The General Assembly,

17. Takes note of United Nations Environment Programme Governing Council decision SS.XI/4 of 26 February 2010 entitled "Intergovernmental science-policy platform on biodiversity and ecosystem services", the Busan outcome of the third ad hoc intergovernmental and multi-stakeholder meeting on an intergovernmental science-policy platform on biodiversity and ecosystem services, held in Busan, Republic of Korea, from 7 to 11 June 2010, ... ,

and requests the United Nations Environment Programme, without prejudice to the final institutional arrangements for the intergovernmental science-policy platform on biodiversity and ecosystem services and in consultation with all relevant organizations and bodies, in order to fully operationalize the platform, to convene a plenary meeting providing for the full and effective participation of all Member States, in particular representatives from developing countries, to determine modalities and institutional arrangements for the platform at the earliest opportunity;

08 리우(Rio)+10 회의 유치활동

1. 유치 경쟁 돌입

국제사회는 2002년에 브라질 리우 지구환경정상회의의 10주년을 기념하는 대규모 환경회의를 개최하기로 결정하였다. 일명 '리우(Rio)＋10 회의'로 불리는 이 회의에는 적어도 2만 명 이상이 참석하고, 정상회의 세션에는 많은 국가의 정상들이 참석할 것으로 예상되었으며, 이에 따라 다수의 국가가 이 회의를 유치하기 위해 출사표를 제출하였다.

넬슨 만델라의 후광을 등에 업은 남아공이 가장 먼저 유치 의향을 밝히고 캠페인을 전개하였으며, 그 다음으로는 10년 전에 리우회의를 개최한 브라질이 유치를 위해 나섰다. 우리나라도 환경 분야에서 선도국가가 될 수 있다는 자신감을 바탕으로 리우＋10 회의를 유치하기로 결정하고 출사표를 던졌다.

남아공, 브라질, 우리나라 3국이 벌이는 유치 경쟁은 2000년 4월 뉴욕에서 개최된 유엔 지속가능발전위원회(CSD) 제8차 회의에서 본격적으로 시작되었다. 2000년 4~5월에 2주간 일정으로 개최된 CSD 제8차 회의는 전반 1주는 고위급 세션으로, 후반 1주는 문안 협상을 하는 실무회의로 진행이 되었다.

우리 정부는 환경부장관을 수석대표로 하는 대표단을 파견하여 유치 캠페인을 전개하였다. 전반 1주 고위급회의의 분위기는 2002년에 개최될 리우＋10 회의는 개도국에서(in a developing country) 개최되어야 한다는 것이었다. 이러한 상황에서 우리 대표단은 우리나라의 지위문제를 검토하였으며, 대표단 내에서도 이 사안에 대해 의견이 나뉘었다.

국제사회에는 국가에 대하여 선진국이냐 개도국이냐를 결정하는 객관적인 기준은 없다. 국가의 지위문제는 개별 국가 스스로 결정하는 문제이다. 그러나 유엔에서는 개도국이라고 하면 일반적으로 77그룹 회원국을 의미하는 것으로 이해되고 있었다. 따라서 OECD 가입 이후 77그룹을 떠난 우리나라로서는 개최지가 개도국이어야 한다는 주장을 수용하기는 어려웠다.

2. CSD 회의 결정문 협상

CSD 회의 후반 1주 실무회의에 맞추어 결정문 초안이 배포되었는데 이 초안에는 리우＋10 회의는 개도국에서 개최되어야 한다는 77그룹의 주장이 담겨 있었다. 우리나라는 개도국 지위가 애매한 상황에서 곤경에서 벗어날 수 있는 방안을 고민하여야 했다. 이런저런 고민 끝에 실무회의를 담당했던 필자는 '가급적(preferably)'이라는 단어를 선택하였다.

실무회의 개막일에 77그룹을 대표하는 나이지리아는 결정문 초안을 지지하는 발언을 하였으며, 넬슨 만델라의 남아공을 내심 지원하고 있던 EU는 포르투갈을 통해 개도국 개최를 지지하였다. 이러한 분위기하에서 우리나라는 Rio＋10 회의 개최는 '가급적 개도국에서(preferably in a developing country)'라는 제안을 하였다.

회의장에서는 아무런 반응이 없었으며 그대로 통과가 되었다. 그리고 아무런 일이 없이 하루가 더 흘렀다. 우리나라의 시도가 성공한 것처럼 보였다.

그러나 실무회의 중반에 77그룹 대표가 단어 하나만 삭제해야겠다는 발언을 하고 '가급적'을 빼자고 제안하였다. 이에 대해 우리나라는 유지를 주장하는 발언을 하였다. 77그룹이 이미 문안에 들어가 있는 단어를 삭제하기 위해서는 우리나라의 동의가 필요했다. 따라서 '가급적'이라는 단어는 미합의 상태로 계속 유지가 되었다.

실무회의 마지막 날 소규모 비공식회의가 개최되었다. 예상했던 대로 77그룹 대표인 나이지리아와 수단은 '가급적' 단어의 삭제를 주장하였다. 이에 우리나라가 대응하려고 하는데 새로운 상황이 전개되었다. 캐나다가 한국과 같은 국가를 사전에 배제하는 것은 적절하지 않다는 발언을 한 것이다. 이후 '가급적'이라는 단어를 둘러싸고 77그룹과 서구국가가 대립하면서 논의는 새로운 국면으로 접어들었다.

최종적으로 리우＋10 회의는 가급적 개도국에서 개최되어야 한다(preferably in a developing country)라고 결론이 났다. 77그룹으로서는 개최지에 대해 컨센서스가 이루어지지 않을 경우에도 유엔총회에서 표결을 통해 그룹의 입장을 관철할 수 있었기 때문에 우리나라의 '가급적' 단어 포함 주장에 더 이상 대응하지 않은 것으로 생각된다.

3. 명예로운 유치 철회

CSD회의에서 드러난 리우+10 회의 유치 희망국들의 성적표를 살펴보면 남아공이 유일한 후보로 정리되는 분위기였다. 브라질은 매 10년마다 개최되는 회의를 연이어 개최하는 것은 적절하지 않다는 지적에 따라 유치를 포기한 상황이었으며, 우리나라도 전반적인 세 불리, 개도국 지위의 불분명 등 사유로 내부적으로는 유치가 어렵다는 판단을 하고 있었다.

이런 상황에서 그 해 7월에 77그룹의 회원국인 인도네시아가 유치를 희망하는 의사를 밝힘에 따라 유치 경쟁은 남아공과 인도네시아의 대결 구도로 전환되었다. 77그룹은 아프리카와 아시아를 대표하는 두 회원국 중 어느 일방을 편들 수 없는 처지에 처하게 되었으며, 양국 간에 타협이 이루어지기를 희망하였다.

우리나라는 CSD 회의 이후 '명예롭게' 유치의사를 철회하기 위한 수순을 밟았다. 그 해 8월 뉴욕 아시아그룹 회의에서 인도네시아가 아시아그룹의 지지를 받는데 반대하지 않는다는 의사를 밝히고, 9월 ESCAP 주관 아태 환경개발장관 회의 계기에서는 유치 철회 의사를 표명하였다.

2000년 12월 유엔총회 제2위원회는 결정문(A/C.2/55/L.58)을 통해 남아공이 리우+10 회의를 유치하되, 인도네시아는 최종 준비회의를 개최하는 것으로 정리를 하였다. 이 결론은 해결이 어려울 때 '주고 받기(give-and-take)'를 통해 서로가 타협하는 해결 방안이었다. 이후 살펴볼 우리나라와 카타르 간 기후변화협약 제18차 당사국총회(COP18) 유치 경쟁에서도 여사한 해결책이 적용되었다.

유엔 지속가능발전위원회 제8차 회의 보고서
(뉴욕, 2000.4.24.~5.5.)

Decision 8/1
Preparations for the 10-year review of progress achieved in the implementation of the outcome of the United Nations Conference on Environment and Development

The Commission on Sustainable Development decides to bring to the attention of the Economic and Social Council and the General Assembly the following recommendations:

(i) The Commission recommends that the General Assembly at its fifty-fifth session give consideration to organizing the 2002 event at summit level and to holding it outside United Nations Headquarters, preferably in a developing country;

한국의 개도국 지위 여부

구분	국가 구분	기준	한국의 경우
기후변화협약	• 선진국/개도국 • 부속서 1, 2 국가 • 비부속서 1국가	• 선진국/개도국 기준 부재 • 부속서 1 (OECD 국가+동구 경제전환국가) • 부속서 2 (OECD 국가)	• 한국은 선진국으로 간주되는 부속서 1, 2에 불포함 (비부속서 1국가)
생물다양성협약	• 선진국/개도국 • 생물유전자원 원산지국/제공국	• 선진국 명단 채택 (1994, 제1차 당사국총회) • 21개국 → 25개국 (2006)	• 한국은 선진국 명단에 불포함
사막화방지협약	• 선진국/개도국 • 사막화 피해국 (특히 아프리카)	• 선진국/개도국 기준 부재 • Global Mechanism에 소수 국가가 지원	• 한국은 GM에 미공여국
몬트리올의정서	• 선진국/개도국 • 제5조국/비5조국	• 개도국 명단 채택 (1989, 제1차 당사국총회) • 제5조국은 개도국 중에서 오존층 파괴물질의 1인당 소비량 한도 충족 국가	• 한국은 개도국으로 분류 (1989) • 한국은 제5조국으로 분류 (1994)
바젤협약	• 당사국/개도국 • 수출국/수입국 • 부속서7국가(Ban Amendment)	• BA : 1995 채택, 2019 발효 • 부속서 7국가 : OECD, EU, 리히텐슈타인	• 한국은 BA 미비준 상황
세계은행 (World Bank)	• 저소득국 • 중소득국 (하위, 상위) • 고소득국	• 1인당 GNI 기준	• 한국은 고소득국가
지구환경기금 (GEF)	• 공여국 • 수원국	• 공여국에 선진국, 개도국 참여 • 수원국은 개도국, 경제전환국	• 한국은 공여국이면서 수원국 지위
OECD/DAC (ODA 수원국)	• 최빈국 • 저소득국 • 중소득국(하위/상위)	• 최빈국 : UN에서 결정 • 저/중소득국 : 세계은행 분류	• 1993-2005년 기간 수원국을 Part I 국가 (ODA), Part II 국가 (Official Aid)로 구분, 이후 Part II 구분 철폐 • 한국은 동 기간에 Part II 국가
77그룹	• 개도국 협상 그룹 (77 → 134) • 유엔 기구 소재지에서 활동	• UNCTAD (1964) 창립 회의 계기로 출범 • OECD 회원국, 서구국가, 동구국가 제외	• 한국은 77그룹 창립 회원국 • OECD 가입 직후 (1997.4월) 탈퇴

···09 기후변화 COP18 유치활동

1. 한국과 카타르의 유치 경쟁

2009년 12월 코펜하겐 기후변화협약 당사국총회에서 우리나라는 2012년에 개최될 기후변화협약 당사국총회(COP18)를 유치하겠다는 의사를 밝혔다. 그런데 코펜하겐 기후변화회의에서 카타르도 COP18을 유치하겠다는 의사를 밝혀 우리나라와 카타르는 COP18 개최지를 놓고 치열하게 경쟁하게 되었다.

우리나라는 그 당시 '저탄소 녹색성장(Low Carbon, Green Growth)'을 새로운 국가 발전전략으로 추구하고 있었는데, 녹색성장은 저탄소로 기후변화의 도전에 대응하면서 새로운 성장 동력을 찾고자 하는 것이었다. 따라서 COP18은 우리나라의 녹색성장 발전전략을 상징적으로 잘 보여줄 수 있는 국제회의였다.

한편 카타르는 자국의 국제적 위상을 높이기 위해 그 당시 월드컵(2022년), 세계육상선수권대회(2017), 기후변화 COP18(2012) 유치 등 세 행사를 국가적 아젠다로 추진하였다. 그리고 COP18은 석유와 가스 생산국인 자국의 이미지를 개선할 수 있는 좋은 기회였기 때문에 COP18 유치에 총력을 기울였다.

기후변화협약 당사국총회는 유엔의 5개 지역별로 순환하며 개최되는데, 아시아에서는 일본이 1997년에, 인도가 2002년에, 인도네시아가 2007년에 개최한 적이 있었다. COP18은 아시아에서 네 번째로 개최되는 회의로서 우리나라와 카타르 모두 이회의의 유치를 위해 아시아그룹 국가를 대상으로 한 치의 양보 없는 경쟁을 이어갔다.

COP18 유치를 위해 지지교섭을 전개할 아시아그룹 국가는 우리나라와 카타르를 제외하고 동북아 4개국, 동남아 12개국, 중동 11개국, 남태평양 도서국 11개국, 중앙아 7개국, 서남아 7개국 등 총 52개국이었다. 아시아그룹의 전통상 투표는 이루어지지 않지만 최소한 26개국 이상의 지지를 확보하여야 유치 경쟁에서 승리를 할 수 있는 상황이었다.

2. 칸쿤총회에서의 격돌

2010년 11~12월 멕시코 칸쿤 기후변화협약 당사국총회에서 COP18 개최지 문제로 아시아그룹회의가 열렸을 때 우리나라는 '허'를 찔렸다. 카타르가 개최지 문제를 투표로 결정하자고 제안을 해 온 것이었다. 카타르의 제안은 그동안 컨센서스를 추구해 온 아시아그룹의 전통에 반하는 공세적인 제안이었다. 그리고 이에 더해 아시아그룹 의장국인 사우디가 카타르의 제안을 지지하고 나섰다.

칸쿤총회 직전까지 우리나라에 대한 지지 상황은 불리하지는 않았다. 그러나 입장을 결정하지 않고 있는 국가들이 많이 있어 전체적인 판세를 평가하기는 이른 상황이었다. 그런데 카타르가 강하게 자신감을 드러내면서 개최지에 대한 투표를 요구함에 따라 컨센서스를 생각했던 우리나라는 수세적인 입장에 처하게 되었다.

카타르의 공세적인 투표 요구와 우리나라의 반발이 아시아그룹 회의에서 격돌하였다. 날 선 공방을 이어가는 출구 없는 대치 상황에서 인도네시아가 중재자로 나섰으며, 우리나라와 카타르 간 각료급 비공식 대화를 주선하였다. 그러나 양국을 만족시킬 방안이 없는 상황에서 인도네시아가 중재력을 발휘하기는 어려웠다.

칸쿤총회 마지막 날 자정을 넘기고 폐막 행사가 진행되는 새벽에 우리나라와 카타르는 각자의 입장을 기록으로 남기기 위해 발언을 하였다. 카타르는 기후변화협약 당사국총회가 동북아, 서남아, 동남아에서 개최되었으므로 이제는 중동 차례임을 주장하였으며, 우리나라는 아시아그룹 내에서 소지역 간 개최지 순환 원칙은 확립되어 있지 않음을 주장하였다.

3. 뒤바뀐 공수, 대승적 양보

칸쿤총회 이후 우리나라는 COP18을 유치하기 위한 캠페인을 보다 더 체계적, 적극적으로 전개하였다. 그동안 우리나라에 대해 서면지지를 해 준 국가들에 대해서는 지지를 공고히 하면서, 구두지지를 한 국가들로부터는 서면지지를 받기 위해 노력하고, 우호적인 국가들에 대해서는 서면 또는 구두 지지 입장을 표명해 줄 것을 요청하였다.

이러한 노력의 결과 우리나라에 대한 지지는 증가하였으며 카타르에 대해 확실하게 우위를 점할 수 있는 단계에까지 이르렀다. 2011년 6월 독일 본에서 개최된 기후변화협약 부속기구회의에서 우리나라는 개최지 문제를 투표로 결정할 것을 제안하였으며, 카타르는 우리의 제안을 거부하였다. 6개월 전 칸쿤회의 때와 비교하여 공수가 바뀐 것이었다.

COP18 개최지 문제는 그 해 11월 남아공 더반 기후변화협약 당사국총회까지 이어졌다. 더반총회 직전까지 개최지 문제가 결정되지 않음에 따라 아시아그룹 국가들은 이 문제에 대해 우려를 갖게 되었다. 이는 더반총회에서 COP18 개최지가 결정되지 않으면 이 회의는 아시아가 아닌 기후변화협약 사무국 소재지인 독일 본에서 개최될 수밖에 없었기 때문이었다.

더반총회에서 기후변화협약 사무국과 칸쿤총회 의장국인 멕시코도 이 문제를 해결하기 위해 적극 중재를 하였다. 최종적으로 우리나라는 산유국인 카타르가 기후변화 문제에 적극 기여할 수 있는 기회를 갖도록 대승적 차원에서 COP18을 양보하였다(Decision 19/CP.17). 그리고 COP18이 개최되기 직전에 개최되는 각료급 기후변화회의는 우리나라가 개최하는 것으로 합의를 하였다.

COP18 개최지 문제는 우리나라가 양보를 함으로써 파국을 면할 수 있었다. 그동안 국가적 아젠다로 유치 노력을 기울여 온 우리나라로서는 나름대로 아쉬움은 있었으나 이러한 양보를 통해 기후변화문제에 있어서 리더십을 보여줄 수 있었다. 한편 카타르도 우리나라의 양보를 높이 평가하며 우리나라가 추진하는 녹색성장전략의 국제적 확산에 적극 동참하였다.

국제환경협약을 둘러싼 외교

© IISD/ENB, 생물다양성협약 제10차 당사국총회(2010, 일본)

국제환경협약을 둘러싼 외교

국제환경협약은 그 역사, 범위, 규모 등에 여러 의견이 있을 수 있다. 그러나 1960년대 초반 레이첼 칼슨의 '침묵의 봄(Silent Spring)'으로 환경에 대한 관심이 고조되고, 1972년 스웨덴 스톡홀름에서 범세계적인 유엔인간환경회의가 개최된 시대적 배경하에서 국제환경협약이 본격적으로 등장하기 시작하였다는 데 이견은 없는 것 같다.

국제환경협약은 여러 특징을 가지고 있는데, 무엇보다도 특정 환경문제가 대두될 때마다 그 문제에 대처하기 위해 만들어지고, 각자가 독립적으로 운용되다 보니 체계적인 느낌이 없으며, 환경협약 상호 간에 그리고 무역 규정과의 상충 가능성도 존재한다. 이러한 문제를 해결하기 위해 환경협약 상호 간에 또는 환경협약과 무역 기구 간에 정례적인 대화와 협업이 진행되곤 한다.

또 하나의 특징은 과학의 역할이다. 환경협약은 초기에는 멸종동식물 보호, 국제적으로 중요한 습지의 보전, 해상 유류 오염 방지 등의 비교적 단순한 환경 사안을 다루다가 이후 잔류성 유기오염 물질, 오존층 파괴물질, 기후변화 온실가스, 생명공학 이용 생물유전자원 등과 같이 과학적인 분석과 평가가 중요한 역할을 하게 되는 환경 사안을 다루게 되었다.

국제환경협약은 또한 협약의 목적을 달성하기 위해 다양한 수단을 활용하고 있다. 우선 환경협약을 만들고 이를 보완하는 의정서를 만드는 '협약-의정서(convention-protocol)' 접근을 하며, 의정서도 개정을 통해 그 이행의 강도를 높여 나가고 있다. 환경협약과 의정서에는 대개 부속서가 있는데 이 부속서에 보호 대상 동식물 또는 금지/제한 대상 물질을 등재하고 관리해 나가고 있다.

또한 국제환경협약에 포함되어 있는 무역 관련 규정에도 특별한 관심이 필요하다. 환경협약에 따라 비당사국과의 또는 선진국과 개도국 간의 교역 제한, 생물자원 또는 유해물질의 이동 시 '사전통보허가(PIC, Prior Informed Consent)' 획득, 각종 수출입 관련 서류 제출 등의 다양한 무역적 요소가 내재되어 있다. 그리고 이러한 무역적 수단들은 복합적으로 활용되고 있다.

국제환경협약은 법적인 구속력이 있어 우리가 특별히 신경을 써야 한다. 물론 환경협약 내부로 들어가 보면 구속력이 있는 부분과 없는 부분으로 나뉘는데 협약의 핵심적인 부분에는 대개 구속력이 부여되어 있다. 그리고 국가별 이행보고서를 통해 의무준수 여부를 검토하게 되는데 의무 불이행이라는 문제에 직면하지 않도록 유의해야 한다.

이 장에서 다루고 있는 몬트리올의정서 관련 사례는 우리나라가 환경외교의 중요성에 눈을 뜨게 된 계기가 된 사건이었다. 몬트리올의정서의 비당사국과의 교역 금지 조항은 우리나라가 몬트리올의정서 가입을 적극 추진하게 하였으며, 오존층 파괴물질의 선진국, 개도국 간 차등화된 감축 일정은 우리나라가 개도국 지위를 확보하기 위해 노력하게 하였다.

그 이후 벌어진 런던협약 관련 사례는 구소련이 동해상에 투기한 중·저준위 방사성 폐기물에 대응하기 위한 것이었다. 이 사안에 대해 우리 국민들의 관심은 매우 컸다. 우리나라는 런던협약 부속서에 중·저준위 방사성 폐기물의 해상투기 금지조항이 포함되도록 노력하였으며, 또한 IAEA와 관련 당사국들과 함께 동해 해양 환경에 대한 영향을 조사하였다.

CITES협약 관련 사례는 우리나라의 대표적 농산물인 재배삼의 교역에 있어 '인공증식증명서' 발급과 같은 기존에 없던 행정적 부담이 발생하는 것을 방지한 사례이다. 우리나라를 대표하는 인삼이 갖는 상징성을 고려할 때 이 문제는 적극 대응해야 할 사안이었다. 우리나라는 CITES협약 회원국들과 관련 NGO들을 대상으로 야생삼과 재배삼의 차이를 설명하며 외교적 노력을 하였다.

한편 교토의정서의 운영체제 협상에서 우리나라는 시장메커니즘의 하나인 청정개발체제(CDM)의 사업 방식과 관련하여, CDM은 선진국과 개도국 간에만 이루어져야 한다는 일반화된 해석을 반박하며, CDM이 개도국 간에도 또는 개도국 단독으로도 가능하다는 주장을 펼쳤다. 이 '단독 CDM(Unilateral CDM)' 주장은 CDM 사업에서 우리 기업들이 선진국 기업들과 동등하게 경쟁할 수 있는 여건을 만들기 위한 것이었다.

끝으로 나고야의정서의 경우는 생물유전자원의 이용과 이에 따른 이익을 공유하는 새로운 국제질서를 만드는 과정에서 이 국제질서가 균형되게 만들어지도록 노력한 사례이다. 우리나라는 생명공학 수준은 국제적으로 선두그룹에 속하나 생물유전자원은 상대적으로 부족하여 생물유전자원 접근과 이익 공유(ABS, Access and Benefit-Sharing)에 있어 균형된 국제질서가 필요하였다.

몬트리올의정서: 오존 외교

1. 오존 체제의 등장

오존층은 지상으로부터 15~35km 떨어진 성층권에 주로 형성되어 있으며 태양으로부터 방출되는 유해 자외선을 차단하여 지상의 동식물을 보호해 준다. 그런데 1984년에 남극의 오존층이 1950년대 후반의 60% 수준에 불과하다는 것이 확인되었으며, 그 해 보도된 남극 오존층에 구멍이 뚫린 사진은 국제사회를 놀라게 하였다.

이러한 배경하에서 국제사회는 오존층 보호를 위한 환경협약 제정을 추진하였다. '오존층 보호를 위한 비엔나협약'이 1985년 3월에 채택되고 그 해 9월에 발효되었으며, '오존층 파괴물질에 관한 몬트리올의정서'는 1987년 9월에 채택되고 1989년 1월에 발효되었다. 비엔나협약과 몬트리올의정서로 구성된 오존층 보호 국제 체제가 형성되었다.

우리나라가 지구환경보호를 위한 국제적 움직임에 눈을 뜨고 환경외교에 뛰어든 계기가 된 것은 몬트리올의정서 때문이었다. 오존층 파괴물질인 프레온 가스 (CFCs)와 할론 등이 산업적으로 널리 사용되고 있었으나 대체물질을 개발할 기술이 없는 우리나라로서는 몬트리올의정서가 규정하고 있는 각종 규제에 심각하게 대응하여야 했다.

몬트리올의정서는 제4조를 통해 비당사국과의 오존층 파괴물질에 대한 수입과 수출을 금지하고, 비당사국으로부터 이들 통제물질을 포함하거나 또는 포함하지는 않으나 이를 활용해 만든 제품의 수입까지 금지하였다. 또한 의정서는 개정 (amendment)을 통해 통제물질을 계속 등재하고, 조정(adjustment)을 통해 통제물질에 대한 감축 일정을 지속적으로 앞당겨 나갔다.

2. 제5조국 지위 확보 노력

몬트리올의정서는 제5조 1항에서 '개도국'이면서 동시에 '오존층 파괴물질 즉 통제물질의 1인당 소비량이 0.3kg이하'인 국가를 제5조국 또는 제5조 1항 국가라고 지칭하고 있다. 제5조국이 아닌 비5조국은 프레온가스의 경우는 1989년 1월부터, 할론은 1992년 1월부터 감축하여야 하나, 제5조국은 이들에 비해 10년간의 유예기간(grace period)을 허용받았다.

우리나라가 개도국인 점은 1989년 5월 헬싱키에서 개최된 몬트리올의정서 제1차 당사국총회 결정(Decision I/12E)으로 확인되어 있어, 제5조국이 되기 위해서는 1인당 소비량 기준만 충족하면 되었다. 그러나 문제는 우리나라가 몬트리올의정서에 가입한 해인 1992년 당해 연도의 오존층 파괴물질의 1인당 소비량이 0.3kg을 초과한다는 점이었다.

1992년 11월 코펜하겐에서 개최된 제4차 당사국총회에서 우리나라는 몬트리올의정서 가입 후 처음으로 제출해야 하는 1992년 통계의 보고 기한이 1993년 9월까지이므로 공식 통계가 제출되기 전까지는 '잠정적'으로 제5조국으로 분류해 줄 것을 요청하였다. 그러나 우리나라의 요청은 1992년 오존층 파괴물질의 1인당 소비량이 0.3kg을 초과하는 것으로 추정되어 받아들여지지 않았다.

1993년 11월 방콕에서 개최된 제5차 당사국총회는 우리나라가 제출한 1992년 통계를 통해 우리나라의 오존층 파괴물질 1인당 소비량이 0.3kg을 초과하는 것으로 확인되어 제5조국으로 분류될 수 없다는 결정을 채택하였다. 다만 동 결정에는 매년 제출되는 통계를 통해 1인당 소비량이 0.3kg 이하라는 것이 입증되면 제5조국으로 분류될 수 있다는 점도 포함되었다.

우리나라는 오존층 파괴물질의 1인당 소비량이 0.3kg 이하가 되면 제5조국으로 분류될 수 있었기 때문에 국내에서 이들 물질에 대한 통제를 강하게 시행하였다. 이러한 노력에 힘입어 1993년도 1인당 소비량은 0.3kg 이하로 낮출 수 있었으며, 1994년 9월까지 제출해야 되는 1993년 통계를 통해 제5조국 자격을 획득하였다. 이에 따라 제5조국에 주어지는 감축 일정에 있어 유예기간(grace period)도 확보하였다.

3. 다자기금 납부문제

몬트리올의정서는 이행에 어려움을 겪고 있는 개도국들을 지원하기 위해 '다자기금(Multilateral Fund)'을 1990년에 설립하였다. 1992년 11월 코펜하겐 당사국총회는 이 다자기금을 1993년에 1억 1,334만 달러, 1994년에서 1996년까지 3년간은 총 3억 4천만 달러에서 5억 달러 범위에서 운영하기로 하였다.

다자기금의 지원 대상국은 모든 개도국이 아니라 개도국 중 1인당 소비량이 0.3kg 이하인 제5조국이 대상이며, 기금에 대한 기여는 제5조국이 아닌 국가 즉 비5조국이 담당하도록 되어 있었다. 비5조국은 선진국뿐만 아니라 개도국 중 제5조국이 아닌 국가도 포함이 되었다. 당시 개도국이면서 제5조국이 아닌 국가는 우리나라를 포함해서 9개국이었다.

우리나라의 문제는 1992년 11월 코펜하겐 당사국총회에서 1993년과 1994년에 대한 기여금이 결정될 때 개도국이지만 제5조국이 아니라는 점이었다. 이후 계속된 논쟁은 이러한 개도국들이 제5조국으로 재분류되었을 때, 이들에게 부과된 과거와 현재의 기여금에 대한 처리문제였다. 우리나라는 1993년과 1994년에 각각 약 1백만 달러의 기여금을 납부해야 하는 상황이었다.

그러나 많은 나라들은 우리나라와 다른 측면에서 이 문제를 보고 있었다. 이들은 우리나라가 제5조국으로 재분류되고, 이러한 자격에 근거하여 다자기금의 지원을 요청했을 때, 다자기금이 감당할 수 없는 지원을 해야 한다는 우려를 가지고 있었다. 사무국은 우리나라의 오존층 파괴물질 생산시설을 철폐하는 일에만 1억 8,600만 달러가 소요될 것으로 추정하였다.

1994년 10월 나이로비 제6차 당사국총회에서 우리나라는 제5조국으로서 다자기금을 활용할 수 있는 당연한 권리가 있지만 다자기금의 한정된 재원상황을 고려하여 다자기금을 활용하지 않겠다는 발언을 하였다. 그리고 이러한 결정이 다른 개도국들이 기금을 더 많이 활용하고, 선진국들이 기금에 출연을 하는 데 도움이 되기를 희망하였다.

나이로비 당사국총회는 개도국으로서 제출된 통계를 통해 제5조국으로 재분류된 국가는 재분류된 그 해부터 기여금 납부의 의무가 없음을 결정하여, 우리나라는 1993년 기여금 납부에 대한 부담을 해소할 수 있었다. 그리고 이러한 국가들의 다자기금 지원 요청은 법적으로는 정당한 권리이기 때문에 다자기금의 지원을 요청하지 않을 것을 촉구하는 문안이 포함되었다.

　우리나라는 국내의 오존층 파괴물질 감축노력에 힘입어 제5조국 지위 확보라는 목표를 달성하였다. 그리고 선발개도국으로서 다자기금 활용을 포기하는 정책적 선언을 통해 국제사회의 오존층 보호노력에 협력하는 국가의 모습을 보였으며, 다자기금에 대한 우리나라의 기여금 문제도 해결하였다. 지난한 과정이었지만 국제 환경무대에 데뷔하면서 거둔 좋은 성과였다.

몬트리올의정서 제5차 당사국총회 결정
(1993, 방콕)

Decision V/4
Classification of certain developing countries as not operating under Article 5 and reclassification of certain developing countries earlier classified as not operating under Article 5

To note that Cyprus, Kuwait, the Republic of Korea, Saudi Arabia, Singapore and the United Arab Emirates are not classified as Parties operating under Article 5 based on their annual per capita consumption of controlled substances, which is more than 0.3 kilograms. The classification will be appropriately revised in accordance with paragraph 1 of Article 5 of the Protocol, on receipt of further data from them, if it warrants reclassification;

몬트리올의정서 제6차 당사국총회 결정
(1994, 나이로비)

Decision VI/5
Status of certain Parties vis-à-vis Article 5 of the Protocol

(d) Regarding developing country Parties which are initially classified as not operating under Article 5 and then reclassified, any outstanding contribution to the Multilateral Fund will be disregarded, only for the years in which they are reclassified as operating under Article 5. Any Party reclassified as operating under Article 5 will be allowed to utilize the remainder of the ten-year grace period;

(e) Any developing country Party initially classified as non-Article 5 but reclassified subsequently as operating under Article 5 shall not be requested to contribute to the Multilateral Fund. Such Parties are urged not to request financial assistance for national programmes from the Multilateral Fund but may seek other assistance under Article 10 of the Montreal Protocol. .... ;

11 런던협약: 방사성 폐기물 외교

1. 야블로코브 보고서

1993년 2월 영국의 채널4 텔레비전은 구소련 해군이 핵잠수함과 핵추진 쇄빙선으로부터 나오는 원자로와 액체 및 고체 방사성 폐기물을 북극 카라해와 바렌츠해, 극동지역 오호츠크해와 동해에 투기해 왔다는 내용을 보도하였다. 국내 언론은 이 외신을 대거 보도하였으며, 이 문제는 국내에서 큰 파장을 일으켰다.

이러한 사실은 1992년 보리스 옐친 러시아 대통령이 과거 구소련의 방사성 폐기물 해양 투기에 대한 조사를 명령하였기 때문에 밝혀질 수 있었다. 이 조사 임무는 옐친의 환경정책보좌관이었던 야블로코브(Aleksei V. Yablokov)가 맡았는데, 1993년 3월 구소련의 방사성 폐기물 해양 투기 실태에 대한 '야블로코브 보고서'가 발표되었다.

구소련 방사성 폐기물 중에서 특히 문제가 되었던 것은 18기의 폐원자로였는데, 이 중 16기는 카라해에, 2기는 동해에 투기되었다. 한편 카라해에 투기된 폐원자로 중 일부는 방사성 연료를 제거하지 않은 상태로 투기되어 서방세계의 우려를 증폭시켰다. 그러나 다행히 동해에 투기된 폐원자로는 방사성 연료가 제거된 후 투기된 것으로 알려졌다.

야블로코브 보고서로 국제사회가 시끄러운 가운데 그 해 10월 러시아 해군이 액체 방사성 폐기물을 동해에 투기하는 장면이 국제환경단체인 그린피스(Greenpeace)에 의해 적발되었다. 러시아 해군은 투기된 방사성 폐기물은 환경에 거의 영향이 없는 수준이라고 주장하였으나, 국제사회는 이 주장에 의문을 제기하며 의심의 눈초리를 보냈다.

2. 런던협약회의 외교전

런던협약(London Convention)은 1972년 해양 오염을 야기할 수 있는 폐기물 또는 기타 물질의 투기를 규제하기 위해 만들어진 협약이며 1975년에 발효되었다. 이 협약은 부속서 1(black list)에 투기 금지 품목을, 부속서 2(grey list)에는 특별허가 하에 투기 가능 품목을 등재하였다. 그리고 부속서 3에는 투기물질, 투기장, 허가 시 심의사항을 적시하였다.

방사성 폐기물과 관련하여 런던협약은 출범 당시부터 고준위 방사성 폐기물은 부속서 1에 포함하여 해양 투기를 금지하고 있었다. 그러나 중, 저준위 방사성 폐기물은 부속서 2에 포함되어 관리되었으며, 1983년에는 이들 방사성 폐기물을 투기하지 않는 자발적 금지(moratorium)가 시행되고 있었다.

구소련은 야블로코브 보고서가 1993년 3월 발표되기 이전에는 이 모라토리움을 준수하고 있다는 입장이었다. 야블로코브 보고서가 나오고, 그 해 10월에 동해에서 저준위 방사성 폐기물을 투기하는 러시아의 행위가 그린피스에 의해 적발됨에 따라 국제 여론은 이 모라토리움을 강제적 금지(ban) 규정으로 변경하는 방향으로 움직이게 되었다.

이러한 배경하에 런던협약의 제16차 당사국회의가 1993년 11월 런던에서 개최되었다. 이 회의에서 중, 저준위 방사성 폐기물 투기를 금지하는 데 핵발전 선진국인 미국이 앞장을 섰으며, 동해 투기로 영향을 받는 우리나라와 일본도 적극 나섰다. 회의 기간에 러시아는 육상 저장 및 처리 시설의 한계를 호소하였고, 일부 국가는 일단은 금지하되 향후 적용받지 않을 권리(opt-out)를 주장하였다.

런던 회의에는 70개 협약 당사국 중 46개국이 참석하였으며, 우리나라는 그 당시 협약을 비준하는 과정에 있어 옵저버로 참석을 하였다. 중, 저준위 방사성폐기물의 해양 투기를 금지하는 결정문(Resolution LC. 51(16))에 대한 투표 결과는 찬성 36개국, 반대 없음, 기권 5개국, 투표불참 4개국으로 나타났다.

투표 결과에서 흥미로운 것은 반대가 전혀 없었으며, 찬성 의사를 표명한 미국을 제외한 유엔 안보리 상임이사국 4개국이 모두 기권 의사를 표명한 점이다. 그 당시 중, 저준위 방사성 폐기물의 해양 투기를 반대하는 국제적 여론이 들끓고 있었기 때문에 이들이 강제적 금지(ban) 결정에 반대를 하기에는 부담이 있었을 것이다.

최종적으로 런던 회의에서는 국제 여론에 힘입어 모든 종류의 방사성 폐기물에 대한 해양 투기를 전면 금지하는, 즉 런던협약 부속서 1의 6항을 '방사성 폐기물 또는 그 밖의 방사성 물질(Radioactive wastes or other radioactive matter)'로 개정하는 결정이 채택되었다. 그리고 이 내용에는 발효된 지 25년 이내에 그리고 이후 25년마다 재점검한다는 조항이 추가되었다.

3. 동해 3국 공동조사

우리나라와 일본은 초기에는 러시아를 상대로 방사성 폐기물 투기지역의 오염을 조사할 것을 개별적으로 요구하였다. 그러나 이후 양자적으로 조사를 진행하기 보다는 이해관계 당사국인 우리나라, 일본, 러시아 3국이 IAEA 전문가도 포함시켜 공동으로 조사를 진행하는 것이 보다 효과적이라는 판단하에 공동조사를 추진하게 되었다.

1994년 3~4월에 실시된 1차 공동조사는 구소련이 방사성 폐기물을 투기한 자국 경제수역 내에 있는 동해 북부지역을 대상으로 진행이 되었다. 그리고 1995년 8~9월에 진행된 2차 공동조사는 조사지역을 사할린, 캄차카, 오호츠크해로 확대하고, 러시아의 요구에 따라 우리나라와 일본의 일부 지역도 포함하였다.

공동조사는 해수, 해저토, 플랑크톤 등 시료를 채취하여 선상에서 간이조사를 하고 이후 육상에서 정밀 조사를 하였다. 채취된 시료는 우리나라, 일본, 러시아, IAEA 전문가들 간에 균등하게 배분하여 조사를 하였으며 조사의 신뢰성을 확보하기 위해 데이터를 교차 분석하기도 하였다. 2회에 걸친 조사의 결과 방사성 폐기물의 해양 환경에 대한 영향은 없는 것으로 분석이 되었다.

이로써 야블로코프 보고서로 논란이 되었던 구소련의 방사성 폐기물 동해 투기 문제는 일단락되었다.

런던협약 제16차 당사국회의 결정(1993, 런던)

RESOLUTION LC.51(16)
adopted on 12 November 1993

AMENDMENTS TO THE ANNEXES TO THE CONVENTION ON THE PREVENTION OF MARINE POLLUTION BY DUMPING OF WASTES AND OTHER MATTER, 1972 CONCERNING DISPOSAL AT SEA OF RADIOACTIVE WASTES AND OTHER RADIOACTIVE MATTER

THE SIXTEENTH CONSULTATIVE MEETING,

....

ADOPTS the following amendments to the Annexes to the Convention in accordance with article XIV(4)(a) and XV(2) thereof:

(a) amendment to Annex I, paragraph 6, 8, 9 and insertion of a new paragraph 12; and

ATTACHMENT

Annex I

1. The existing text of paragraph 6, Annex I, is replaced by the following:

"6   Radioactive wastes or other radioactive matter."

...12 CITES 협약: 인삼 외교

1. CITES 협약

　'멸종위기에 처한 야생 동식물의 국제거래에 관한 협약(CITES협약)'은 1973년에 채택이 되고 2년 후 발효되었으며, 현재 183개 당사국이 가입하고 있다. CITES에서 규제하고 있는 동식물의 수가 워낙 방대하고 CITES 회원국도 전 세계 거의 모든 국가들이다 보니 동 협약은 전 세계인의 일상 생활과도 밀접한 관련을 갖고 있다.

　CITES협약은 현재 대략 5,800종의 동물과 30,000종의 식물을 거래 규제 대상으로 관리하고 있다. 매 3년마다 개최되는 협약의 당사국총회는 멸종 위기에 처한 동식물은 부속서 I에, 멸종 위기에 처하지는 않았으나 규제가 필요한 동식물은 부속서 II에 등재한다. 또한 개별 또는 복수의 당사국이 일방적으로 보호하고 있는 동식물은 부속서 III에 등재하고 있다.

　우리나라는 CITES협약에 1993년 가입하였는데, 1999년과 2000년에 러시아와 인삼(Panax ginseng)과 관련한 외교전을 겪었다. 러시아는 자국의 야생 인삼이 급감함에 따라 야생인삼을 CITES협약 부속서 II에 등재하여 보호하려고 하였다. 그러나 러시아의 시도는 학명이 같은 우리나라에서 재배되는 인삼의 수출에 영향을 주는 것이었다.

　우리나라는 그 당시 2만 3천 농가가 1만 헥타르 정도의 재배지에서 연간 1만 톤 이상의 인삼을 생산하고 있었다. 생산된 재배 인삼은 70개국 이상으로 수출되었으며, 수출액은 1억 달러에 달하였다. 인삼은 당시 농산물 중 수출 2위의 품목이었다. 이러한 경제적 측면에 더해 우리나라를 대표하는 인삼이 갖는 상징성도 고려하여야 하는 상황이었다.

2. 러시아와 논쟁

러시아가 제출한 제안서에 따르면 인삼은 동아시아에 6종, 북미에 2종이 존재한다. 러시아는 그중에 동아시아 종인 Panax ginseng이 치료 효과가 뛰어나 의약품이나 식품 등 가공품 형태로 널리 활용되어 왔으며, 야생 상태의 Panax ginseng을 보호하기 위해서는 이를 CITES협약 부속서 II에 등재해야 한다고 주장하였다.

러시아는 극동지역에서 채집이 되던 야생 Panax ginseng이 해를 거듭할수록 줄어들고 있어 연간 100~150kg의 채집 쿼타도 채우지 못하고 있음을 주장하였다. 그리고 또한 중국으로 연간 수백 킬로그램에 달하는 양이 밀수출되고 있는 것으로 추정되며, 러시아 세관 당국이 압수한 물량은 이 물량의 1~2%에 불과한 실정이라고 주장하였다.

우리나라는 러시아의 주장에는 공감하나, 러시아의 제안은 우리나라가 재배 인삼을 수출할 때마다 협약 규정(제7조 5항)에 따라 이 재배 인삼이 야생이 아니며 인공적으로 재배된 것임을 증명하는 '인공증식증명서'를 발급해야 하는 행정적, 재정적인 부담을 지게 되며, 교역 상대국에서도 재배 인삼의 진위여부를 확인해야 하는 부담이 발생함을 지적하였다.

또한 러시아가 야생 인삼을 수출할 때 CITES협약 부속서 II에 등재하는 것과 같이 수출 허가서를 받도록 조치하고 있음에도 불구하고 불법 거래가 이루어지고 있다면 다른 해결방안을 모색할 필요가 있다고 반박하였다. 즉 야생 인삼을 부속서 II에 등재하는 효과가 의문시됨을 지적하면서, 이보다는 러시아의 국내조치 강화 및 인접 국가들과의 단속 협력이 더 바람직함을 주장하였다.

3. 인삼 외교전

CITES협약은 당사국총회를 개최하기 전에 동물위원회와 식물위원회 회의를 먼저 개최하여 논의를 진행한다. 러시아는 야생 인삼을 CITES협약 부속서 II에 등재해야 한다는 주장을 1999년 6월 호주에서 개최된 식물위원회 회의에서 제기하였다. 우리나라는 동 회의에서 러시아의 주장을 반박하며 러시아의 제안에 반대 입장을 표명하였다.

우리나라는 이후 러시아의 제안을 반박하는 설명 자료를 CITES협약 당사국들에게 송부하였다. 또한 2000년 2월에 개최된 CITES 아시아 지역회의에서도 우리나라의 재배 인삼에 대해 이해도가 높은 아시아 회원국들을 대상으로 우리의 입장을 설명하고 지지를 요청하였다.

이후 CITES협약 제11차 당사국회의가 2000년 4월 케냐 나이로비에서 개최되었으며, 이 회의에서 인삼 관련 결정이 채택될 전망이었다. CITES협약은 거래 규제 동식물을 부속서에 등재할 때 출석하여 투표한 회원국의 2/3 찬성으로 결정하고 있다(제15조 1항(b)). 우리나라는 러시아와의 표 대결을 대비하면서, 양자 교섭을 통한 해결을 모색하였다. 또한 CITES 사무국도 참석시킨 3자 회의도 진행하였다.

러시아와 양자 교섭 중에 우리나라에 유리한 상황이 조성되었다. CITES협약에서 영향력이 있는 NGO인 IWMC World Conservation Trust가 러시아의 제안에는 공감하나 동 제안이 '한국과 중국에 불필요한 부담'이 될 것임을 지적하며 부속서 II에 등재될 야생 인삼(Panax ginseng)의 지리적 범위를 러시아산으로 한정할 것을 권고한 것이었다.

우리나라는 러시아에 부속서 II 등재 야생 인삼을 러시아산으로 한정할 것을 강하게 요청하였다. 러시아는 회의장의 분위기를 감안하여 자국의 제안이 표 대결로 들어가 완전히 부결되는 것보다는 러시아산으로 한정되더라도 등재되는 것이 유리하다고 판단하였으며 우리나라의 제안을 수용하였다. 최종적으로 부속서 II 등재 야생 인삼은 러시아산으로 한정하는 합의안이 채택되었다.

CITES 부속서 II에 기재된 인삼 관련 문안

Panax ginseng #3 (Only the population of the Russian Federation; no other population is included in the Appendices.)

#3 Whole and sliced roots and parts of roots, excluding manufactured parts or derivatives, such as powders, pills, extracts, tonics, teas and confectionery.

1. 탄소배출권과 기업의 경쟁력

1997년 교토의정서가 채택된 후 의정서의 운영 규칙에 관한 협상이 진행되었다. 이 협상은 선진국의 온실가스 감축 공약을 강제하는 의무준수체제, 이들의 공약 이행을 지원해 주는 시장메커니즘(일명 교토메커니즘), 배출통계와 관련된 보고 및 검토 체계, 온실가스 흡수원 규정, 개도국에 대한 재원 및 기술 지원 등의 내용을 포함하고 있었다.

교토의정서 제12조는 시장메커니즘의 하나인 청정개발체제(CDM, Clean Development Mechanism)를 다루고 있는데, CDM 도입의 목적을 개도국에서 진행되는 온실가스 감축사업을 통해, 선진국의 온실가스 감축 공약 이행을 지원하고 개도국의 지속가능 발전을 지원하는 것으로 규정하고 있다. 대부분의 국가들은 이 규정을 선진국이 개도국에서 사업을 하는 '양자 CDM(Bilateral CDM)'으로 받아들였다.

이 해석을 따르게 되면, 선진국 기업만이 개도국 내 온실가스 감축 사업을 통해 탄소배출권(CERs, Certified Emission Reductions)을 획득하게 되고, 다른 개도국 기업은 이러한 사업에 참여하지 못하게 된다. 결국 개도국 내 온실가스 감축사업에서 탄소배출권의 가치만큼 선진국 기업이 개도국 기업보다 유리하게 되는 것이다. 이 문제는 교토의정서에서 개도국인 우리나라 기업의 국제경쟁력과도 연관이 있었다.

우리나라는 이러한 문제점을 시정하기 위해 개도국이 자국의 CDM 사업에 참여하거나 다른 개도국 내 CDM 사업에도 참여할 수 있다는 '단독 CDM(Unilateral CDM)' 개념을 주장하였다. 기후변화체제에서 우리나라와 같이 자국 또는 다른 개도국에 투자를 할 수 있는 개도국이 많지 않았기 때문에 협상 초기에 우리나라의 단독 CDM 주장은 상당한 저항에 부딪혔다.

2. Unilateral CDM 외교

교토의정서 운영체제에 관한 협상은 2001년 11월 모로코 마라케시 기후변화협약 제7차 당사국총회에서 '마라케시합의(Marrakech Accords)'를 채택함으로써 마무리되었다. 그러나 마라케시 회의에서도 Unilateral CDM에 대한 결론을 내릴 수가 없었으며 최종 결정은 2005년 2월 CDM 집행이사회까지 기다려야 했다.

우리나라는 마라케시 회의까지 Unilateral CDM을 인정받기 위해 전방위적으로 노력하였다. 이 과정에서 Unilateral CDM이 갖는 어감을 고려하여 중남미 국가들이 사용하는 Host-generated CDM이라는 용어도 사용을 하였다. 개도국 중에서는 중남미 국가들이 우리나라의 입장을 지지하였으며, 선진국 중에서는 비EU 국가들이 호의적인 반응을 보였다.

반면에 EU 국가들은 Unilateral CDM이 허용된다면 우리나라와 같은 개도국들이 온실가스 감축 의무를 부담하는 선진국으로의 편입을 고려하지 않을 것이라는 이유로 반대를 하였다. 한편 중국, 인도, 사우디 등 개도국들은 양자 CDM으로 선진국의 자본과 기술을 유치할 수 있는데 굳이 자체 재원과 기술을 동원하는 Unilateral CDM에 매력을 느끼지 않았다.

2001년 6월 독일 본에서는 Unilateral CDM 관련 세 가지 옵션이 검토되었다. 첫째 옵션은 Unilateral CDM을 명시적으로 금지하지 않는 방안, 둘째 옵션은 Unilateral CDM을 금지하는 방안, 셋째 옵션은 Unilateral CDM을 허용하는 방안이었다. 그러나 이 회의에서는 옵션들이 심도 있게 논의되지 못하고 그 해 11월 마라케시 회의로 넘어가게 되었다.

마라케시 회의에서도 Unilateral CDM에 대한 상반된 입장의 대결구도는 지속되었으며, 결론이 도출되지 못하였다. 따라서 Unilateral CDM의 인정문제는 구체적인 사업이 발생할 경우 당사국총회 또는 CDM 집행위원회에서 결정할 수밖에 없는 상황이 되었다. 우리나라는 결정문 채택 전체회의에서 "이 결정문이 Unilateral CDM을 불허하는 것은 아니다"라는 입장을 발언하고 이를 회의 최종보고서에 반영하였다.

3. CDM 집행이사회 결정

2005년 2월 독일 본에서 개최된 CDM 집행이사회에서는 CDM 사업을 등록할 때 선진국(부속서 1국가)의 국가 승인서가 없어도 된다는 결정이 내려졌다. 다만 탄소배출권이 선진국으로 이전되는 과정에서는 선진국의 국가 승인서를 요구하였다(CDM-EB-18). 그 해 4월 온두라스의 수력발전 프로젝트가 Unilateral CDM의 형태로 최초로 승인되었다.

2012년에 발간된 CDM 이행 10년을 분석한 보고서(CDC Climate Report)에 따르면 전 세계 CDM 상황은 탄소배출권 기준으로 90% 이상을 중국(60%), 인도(15%), 한국(9%), 브라질(7%), 멕시코(2%) 등 5개국이 차지하고 있는 것으로 나타났다. 당초 설계 의도와는 달리 개도국 중에서도 온실가스 감축 잠재량이 많고 이러한 감축 사업을 추진할 제도적 역량을 갖춘 국가들이 CDM의 수혜자가 된 것이다.

또한 CDM 사업의 분야를 살펴보면 HFCs(42%), N_2O(22%), 소수력(10%), 풍력(8%), 에너지효율(5%), 기타(13%) 순이었다. HFCs, N_2O 감축 사업이 2/3 이상을 차지한 데에는 이들 가스가 CO_2에 비해 온실효과가 월등히 높아 적은 투자로도 높은 경제적 이익을 볼 수 있었기 때문이었다. 초기에는 손쉬운 CDM 사업이 우선 추진이 되었다.

CDM 사업 중 많은 사업이 Unilateral CDM으로 추진되었을 것이다. 왜냐하면 선진국 기업들은 개도국에서 CDM 사업을 직접 수행하기보다는 개도국 기업들이 단독으로 만들어 낸 탄소배출권 구매를 선호하였으며, 이렇게 할 경우 CDM 사업에 따른 위험을 피할 수 있고 CDM의 미래에 대한 불확실성에도 대비할 수 있었기 때문이었다.

교토의정서의 CDM 운영체제를 만들어 내는 과정에서 Unilateral CDM에 적극적인 주장을 하였던 우리나라는 Unilateral CDM의 수혜국이 되었다. 한편 협상 과정에서 반대 목소리를 높였던 중국, 인도 등이 Unilateral CDM의 최대 수혜자가 된 것은 '아이러니'하다고 할 수 있다.

CDM 집행이사회 제18차 회의보고서(2005.2.25.)

EXECUTIVE BOARD OF THE CLEAN DEVELOPMENT MECHANISM EIGHTEENTH MEETING REPORT

<u>Agenda sub-item 3(e): Matters relating to the registration of CDM project activities</u>

57. The Board agreed that the registration of a project activity can take place without an Annex I Party being involved at the stage of registration. Before an Annex I Party acquires CERs from such a project activity from an account within the CDM registry, it shall submit a letter of approval to the Board in order for the CDM Registry administrator to be able to forward CERs from the CDM registry to the Annex I national registry.

14 나고야의정서: ABS 협상

1. 나고야의정서의 탄생

2010년 10월 일본 나고야에서 개최된 생물다양성협약(CBD) 제10차 당사국총회에서 국제 환경협상 역사에 남을 의정서가 채택되었다. 이 의정서는 동물, 식물, 미생물 등에 존재하는 생물유전자원에 대한 접근 및 이익 공유에 관한 나고야의정서(Nagoya Protocol)로 2010년 '국제생물다양성의 해'를 빛낸 주요 성과가 되었다.

1992년에 채택된 생물다양성협약은 협약의 3대 목적으로 생물다양성 보전, 지속가능한 이용, 생물유전자원에 대한 접근과 이익 공유를 적시하고 있다. 그러나 국제적으로는 생물유전자원 제공자와 이용자 간에 이익공유가 제대로 이루어지지 않고 있는 상황이었다. 이러한 배경하에서 나고야의정서가 탄생하였다.

나고야의정서의 탄생으로 국제 공공재 정도로 인식되던 생물유전자원이 더 이상 '공짜 점심(free lunch)'이 아니게 되었다. 생물유전자원을 이용하고자 하는 이용자는 이제부터는 제공자의 국가책임기관으로부터 '사전통보승인(PIC, Prior Informed Consent)'을 획득하여야 하며, 제공자와 이익 공유에 관한 '상호합의조건(MAT, Mutually Agreed Terms)'을 체결해야 한다.

생물유전자원의 경제적 가치는 무한대라고 할 수 있다. 동식물 품종 개량, 의약품, 화장품, 건강보조식품 등으로 활용 사례가 많으나 우리가 생각하지 못한 분야에서 활용 방안이 등장할 수 있다. 나고야의정서는 환경협약이지만 경제적 이익을 다루고 있기 때문에 생물유전자원을 보유한 개도국과 이용 기술을 보유한 선진국 간에 치열한 협상이 진행되었다.

나고야의정서는 협상 과정에서 ABS의정서로 불렸다. ABS라는 용어는 생물유전자원에 대한 접근(access)과 이 자원의 이용으로부터 발생하는 이익에 대한 공유(benefit-sharing)에서 유래하였다. 선진국들은 접근에, 개도국들은 이익 공유에 초점을 맞추었다. 우리나라는 생물유전자원을 이용하는 국가의 입장에서 협상에 참여하였으며, 접근과 이익 공유 간의 균형, 그리고 투명하고 합리적인 절차를 갖춘 의정서를 목표로 하였다.

2. 총성 없는 외교전

나고야의정서 협상 과정에서 필자는 수석대표로서 다음 세 분야에 기여를 하였다. 무엇보다도 생물유전자원에 대한 접근과 이익공유 간 균형이 확보되도록 노력하였고(1조), 둘째는 의정서의 핵심 중 핵심이라고 할 수 있는 의무준수체제가 합리적으로 설계되도록 하였으며(15, 16, 18조), 셋째는 생물유전자원과 연계된 전통지식 논의가 우리나라에 부정적으로 작용하지 않도록 하였다(5, 7, 12조).

ABS의정서는 생물유전자원을, 그리고 이와 관련된 전통지식을 이용할 경우 발생한 이익을 공유하는 의정서이다. 그러나 2010년 3월 콜롬비아 칼리에서 제시된 의정서 초안의 제1조 목적(objective) 조항에는 생물유전자원 제공국들의 주장을 반영하여 이익 공유에 대한 언급만 포함되고 이용국들의 입장을 고려한 접근에 대한 언급이 빠져 있었다.

유럽연합(EU)과 우리나라는 ABS의정서는 협상 기본지침에 따라 접근과 이익 공유가 동등한 비중을 가져야 한다고 주장하였으며, 특히 접근이 이루어져야 이후 이익 공유가 있을 수 있음을 강조하였다. 최종적으로 생물다양성협약(CBD) 조항을 인용하여 의정서의 목적은 이익 공유이며 이는 접근과 기술이전 등을 통해 이루어진다는 표현으로 합의되었다.

우리나라의 가장 중요한 기여는 의정서의 핵심중 핵심인 의무준수제도(compliance)의 합리적인 설계라고 할 수 있다. 우리나라는 문안 협상이 본격적으로 시작된 2010년 3월 콜롬비아 칼리 회의부터 의정서 이행에 있어 국가의 역할과 한계에 초점을 맞추고 생물유전자원 제공국의 주장을 반박하였다. 즉 국가의 역할은 의정서가 잘 운영될 수 있는 환경을 조성하는 것이며, MAT 같은 사적 계약 영역에 관여하는 것이 아님을 주장하였다.

MAT는 생물유전자원을 제공하는 제공자와 이에 접근하는 이용자 간에 체결되는 사적인 이익공유계약이다. 따라서 국가는 의정서의 취지에 따라 MAT의 체결을 요구하고 체결 여부만을 확인하면 되며, 계약 당사자 간에 MAT가 제대로 준수되었는지 여부는 개별 국가의 별도 법체계하에서 보호되어야 함을 주장하였다.

이 문제는 우리나라를 포함한 생물유전자원 이용국들의 주장이 받아들여져 국가는 MAT를 체결하였는지 여부만을 점검하고, MAT가 준수되지 않았을 경우에는 계약 당사자가 개별 국가의 법체계를 활용하여 피해를 구제받을 수 있도록 정리가 되었다.

생물유전자원과 관련된 전통지식(Traditional Knowledge) 문제는 2010년 3월부터 진행된 수차례의 실무협상에서는 큰 이슈가 아니었으나, 나고야 본회의에서 중국이 문제를 제기함에 따라 핵심 쟁점 중 하나가 되었다. 협상지침(Bonn Mandate)은 '토착지역공동체'가 보유한 전통지식을 대상으로 하고 있는데, 소수민족 문제 때문에 토착지역공동체를 인정하지 않는 중국이 국가가 보유하고 있는 전통지식에도 혜택이 주어져야 한다고 주장하고 나섰다.

중국의 주장이 받아들여지게 되면 우리나라, 중국, 일본 등 동북아 국가들이 공유하고 있는 한의학 관련 지식도 그 기원을 따져보아야 하는 문제에 직면할 수 있는 상황이 초래되었다. 따라서 우리나라는 호주, 뉴질랜드, 캐나다 등 국가들과 함께 중국의 주장이 협상의 지침을 벗어남을 주장하며 대응하였다.

이 문제는 개도국의 지원을 등에 업은 중국의 강한 주장으로 의정서의 타결을 좌우할 정도의 사안으로 발전되었으며, 유럽연합(EU)은 우리나라에 중국의 입장을 고려한 타협안까지 제시하였다.

전통지식 관련 최종 합의는 의정서의 서문에 토착지역공동체가 전통지식을 보유하고 있다는 점을 강조하면서, 국가가 문화유산으로 보유하고 있는 상황이 있을 수 있다는 원론적인 언급을 포함하였다. 그러나 이행을 담보하는 의정서의 본문에는 전통지식은 토착지역공동체 보유에 국한하고, 논란이 될 수 있는 문안은 삭제하는 것으로 처리되었다. 우리나라의 주장이 받아들여진 것이었다.

3. 애매모호성의 걸작품

　나고야에서의 ABS의정서 협상은 10월 13~16일 사전 협상회의, 10월 18~30일 생물다양성협약 당사국총회 기간 협상까지 총 18일간 진행되었다. 그러나 10월 29일 금요일 새벽 1시까지 진행된 문안 협상은 절반 정도의 검토에 그치며 별다른 진전을 이루지 못하였다. 새벽에 귀가하는 각국 대표단들은 의정서 협상을 마무리하기가 물리적으로 어렵다는 생각을 하였다.

　그러나 10월 29일 당일 아침에 대반전이 일어났다. 의장인 일본 환경대신 松本 龍(Ryo Matsumoto)은 주요국 각료들과 협상 그룹 대표들을 소집하였으며, 협상의 실패에 대비해 준비한 문안을 제시하며 한 글자도 수정 없이 그대로 수용해 줄 것을 요청하였다. 일본은 이견이 있어 합의를 이루기 어려운 부분은 아예 삭제를 하거나 애매모호하게 처리를 하였다. 일본의 이러한 시도는 전통지식과 관련하여서도 이견이 있는 문구가 삭제되는 데에 일조를 하였다.

　일본은 협상 마지막 수일 전부터 소수의 국가들과 밀실에서 모두가 수용할 수 있는 문안을 작성하였다. 이러한 접근은 통상적인 협상의 방식은 아니었다. 생물다양성협약의 마지막 과제이기도 한 ABS 협상이 실패해서는 안 된다는 위기감 속에서 회의 참석자들은 일본이 제시한 문안을 그대로 수용하였다.

　ABS의정서는 관례에 따라 회의 개최지의 지명을 따서 나고야의정서로 명명되었다. 나고야의정서는 모두가 받아들일 수 있는 문안을 만들다 보니 '애매모호성의 걸작품(masterpiece of ambiguity)'으로 평가되었다. 이 애매모호성은 후속 협상을 통해 정리되어야 했다.

나고야의정서의 구조

Article	Title
Preamble	
1	Objective
2	Use of terms
3	Scope
4	Relationship with international agreements and instruments
5	Fair and equitable benefit-sharing
6	Access to genetic resources
7	Access to traditional knowledge associated with genetic resources
8	Special considerations
9	Contribution to conservation and sustainable use
10	Global multilateral benefit-sharing mechanism
11	Transboundary cooperation
12	Traditional knowledge associated with genetic resources
13	National focal points and competent national authorities
14	The access and benefit-sharing clearing-house and information-sharing
15	Compliance with domestic legislation or regulatory requirements on access and benefit-sharing
16	Compliance with domestic legislation or regulatory requirements on access and benefit-sharing for traditional knowledge associated with genetic resources
17	Monitoring the utilization of genetic resources
18	Compliance with mutually agreed terms
19	Model contractual clauses
20	Codes of conduct, guidelines and best practices and/or standards
21	Awareness-raising
22	Capacity
23	Technology transfer, collaboration and cooperation
24	Non-parties
25	Financial mechanism and resources
26	Conference of the Parties serving as the meeting of the Parties to this Protocol
27	Subsidiary bodies
28	Secretariat

동북아 환경체제 구축외교

© 연합뉴스, 한중일 환경장관회의(2008, 제주)

PART 6 동북아 환경체제 구축외교

동북아 지역에서 환경협력을 위한 노력은 1990년대에 가속화되었다. 1992년에 개최된 브라질 리우 지구환경정상회의는 지역 차원의 환경협력을 촉진하는 계기가 되었다. 우리나라도 리우회의에서 동북아 지역의 환경문제 해결을 위해 지역 차원의 환경협력 메커니즘을 설립하는 데 기여하겠다는 의지를 밝혔다.

이러한 배경하에서 우리나라는 동북아의 어떤 나라들보다도 지역 환경협력에 적극적으로 나섰다. 그 결과 1993년에 육상에서의 대기오염 문제해결과 환경보전을 위해 동북아환경협력계획(NEASPEC) 제1차 회의를 서울에 유치하였다. 또한 1994년에는 동해, 황해 등 해양에서의 환경보전을 위해 북서태평양보전실천계획(NOWPAP) 제1차 회의도 서울에 유치하였다.

동북아 환경 거버넌스 구축을 위한 우리나라의 노력은 1999년에 한국, 중국, 일본 3국 환경장관회의(TEMM) 설립을 주도하고 제1차 회의를 서울에서 개최하게 됨으로써 정점에 달하였다. TEMM은 동북아 환경협력의 핵심국가인 3국이 장관 레벨에서 동북아 환경문제를 논의한 데 의의가 있었으며, 3국간 장관 레벨 협의체로는 최초 사례라는 점에서도 의미가 컸다.

동북아에는 TEMM, NEASPEC, NOWPAP과 같이 여러 사안을 다룰 수 있는 포괄적인 협력체뿐만 아니라 특정 사안을 다루기 위한 사안별 협력체 또한 설립되었다. 이러한 사안별 협력체로는 동아시아산성비모니터링네트워크(EANET), 동북아 내 장거리 이동 대기오염물질 모니터링 프로젝트(LTP), 중국, 몽골에서 오는 황사 대응 네트워크(DSS-Net), 역내 국가 간 대기오염 대응 협력체인 동북아청정대기파트너십(NEACAP) 등이 대표적으로 활동하고 있다.

동북아 환경 문제를 해결하기 위한 이러한 지역적 노력은 30여 년 이상의 역사를 가지고 있다. 이 기간에 TEMM, NEASPEC, NOWPAP 등은 제도화의 단계를 거쳤다. 이제는 이러한 내부 역량을 토대로 환경 문제 해결에 실질적인 기여를 하는 방향으로 나아가야 한다. 이를 위해서는 여러 다양한 협력체들을 묶어 시너지를 낼 수 있도록 동북아 환경협력 거버넌스를 재구축할 필요가 있다.

동북아의 특수한 상황 즉 국가 간 상이한 경제 발전 단계, 그리고 이에 따른 환경문제를 바라보는 시각의 차이 등을 고려할 때 새로운 통합 기구의 탄생은 추진하기가 어렵다. 이러한 상황에서는 기존의 협력체들을 묶어 시너지를 내게하는 '느슨한' 거버넌스 구조가 더 효과적일 것이다. 이러한 노력은 이 거버넌스의 중심에 있는 TEMM이 주도하는 것이 바람직하다.

동북아 환경 거버넌스는 무엇보다도 파급효과가 큰 정책 대화와 시급한 환경 현안을 다루는 사업 간에 균형을 잘 유지하여야 한다. 이를 위해 미래 지향적인 녹색 신산업 성공 사례 등을 공유하고, 과학적인 데이터에 근거한 의사결정이 이루어져야 한다. 그리고 이해관계자 즉 산업계, 학계, 시민사회 등의 다양한 의견을 수렴할 수 있는 채널을 가져야 한다.

15 NOWPAP 해역 표기 문제

1. 동해 표기 문제

유엔환경계획(UNEP)은 전 세계 지역해(regional seas)의 환경보호를 위해 지역해 프로그램을 운영하고 있다. UNEP은 이 프로그램을 1974년에 착수하였으며, 1975년에 지중해 프로그램을 시작으로 유사한 내용을 담은 지역해 프로그램을 만들어 냈다. 1994년에는 동북아의 해양을 대상으로 한 북서태평양 프로그램(NOWPAP)이 13번째로 출범하였다.

UNEP은 1989년에 집행이사회 결정(UNEP/GC. 15/1)으로 흑해와 북서태평양에 대한 지역해 프로그램을 준비할 것을 승인하였다. 이 결정에 따라 1991년부터 1993년까지 세 차례의 전문가회의가 개최되었다. 그리고 이 전문가회의의 결과를 토대로 1994년 9월 서울에서 북서태평양 프로그램의 제1차 정부간회의가 개최되었다.

동해 표기문제는 1991년 10월 블라디보스톡에서 개최된 제1차 전문가회의에서 북서태평양 프로그램의 대상해역으로 '일본해와 황해(Sea of Japan and Yellow Sea)'라는 표현이 등장을 하면서 시작되었다. 그리고 이후 개최된 1992년 10월 북경회의와 1993년 11월 방콕회의를 거치면서도 일본해라는 표기가 삭제되지 않고 유지되면서 문제가 발생했다.

우리나라는 '일본해' 표기의 부당성을 블라디보스톡 전문가회의부터 지적하면서 대응하였으나 삭제하지를 못했다. 그러다 보니 이 문제가 1994년 9월 서울에서 개최되는 NOWPAP 창립 정부간회의까지 넘어오게 되었다. 우리나라는 NOWPAP을 발족시켜야 하는 문제와 대상해역 표기문제를 해결해야 하는 이중의 부담을 안고 회의를 진행해야 했다.

2. 위기의 서울 회의

　서울에서 NOWPAP 창립 정부간회의가 개최되기 직전에 대상해역 표기문제가 국내 언론에 보도되었다. 당연히 국내 여론은 들끓었으며, 일본해 표기가 시정되지 않고서는 회의 자체가 의미가 없어지는 상황까지 초래되었다.

　우리나라는 이 문제와 관련하여 일본해 표기는 삭제를 하고 NOWPAP의 대상 해역을 중립적으로 표현할 수 있는 방안을 강구하였다. 이와 관련하여 경도와 위도로 표기하는 방안, 구체적 명칭 없이 지리적인 설명을 하는 방안, 해역 명칭 없이 해도를 부속서에 사용하는 방안 등 다양한 옵션을 검토하였다.

　NOWPAP 회의에 참석한 우리나라와 일본은 동해와 일본해를 각각 주장하여 의견이 첨예하게 대립되었다. 한편 회의를 주관한 UNEP, 중국과 러시아는 해양오염 방지라는 NOWPAP 본연의 목적에 충실해야 한다는 의견을 강하게 피력하였다. 진통 끝에 우리나라와 일본은 대상 해역을 중립적인 표현으로 표기하기로 합의하였다.

　NOWPAP 대상 해역에 대한 중립적인 표현과 관련하여, 우리나라가 제안한 여러 옵션 중 경도와 위도로 표현하는 방안이 모두의 지지를 받았다. 다만 NOWPAP의 대상 해역에 자국의 발해만이 포함되는 데 우려를 가지고 있는 중국의 최종 입장을 기다리기로 하고, 동경 121~143도, 북위 33~52도로 잠정 합의하였다(UNEP (OCA)/NOWPAP IG. 1/5).

3. 마지막 산고

　이후 1996년 11월 동경에서 개최된 제2차 정부간회의에서는 새로운 상황이 전개되었다. 일본은 대상 해역을 삭제하자고 하였으며, 중국은 경위도 표기에 발해만에 대한 우려를 경감할 수 있는 방안을 요구하였다. 최종적으로 NOWPAP 대상 해역은 서울에서 합의한 경위도에 '참가 회원국의 주권을 훼손하지 않는다'는 문구를 추가하여 타결되었다(UNEP(WATER)/NOWPAP IG. 2/5).

　NOWPAP 대상 해역 표기 문제와 관련하여 일본은 1994년 제1차 정부간회의가 서울에서 개최될 당시만 하더라도 중립적인 표기 방안을 수용하였으나 이후 입장이 경색되어 가고 있었다. 이러한 입장 변화는 1996년 제2차 정부간회의에서 대상 해역에 대한 경위도 표기를 삭제하자는 주장으로 나타났다. 그러나 지난 5년 동안의 논의를 원점으로 돌리기에는 이미 늦은 상황이었다.

NOWPAP은 출범 당시에 대상해역 표기문제로 어려움을 겪었지만 이 문제를 중립적 표기로 해결함으로써 이후 동북아 해양환경의 보전에 실질적으로 기여할 수 있는 지역협력체로 발전을 하였다. NOWPAP에서는 대상해역을 매번 경도, 위도로 언급할 수 없기 때문에 'NOWPAP sea/region'이라는 표현도 활용이 되고 있다.

4. 북한의 참여문제

NOWPAP을 설립하는 과정에서 북한의 참여 상황은 흥미롭다. NOWPAP 대상 해역에 당연히 북한이 포함되므로 UNEP은 준비 과정부터 북한을 참여시켰으며, 북한은 준비회의에 적극 참여하였다. 1994년 서울에서 열린 제1차 정부간회의 이전에 개최된 세 차례의 전문가회의 중 두 번을 참석하였다.

북한은 동해 표기 문제와 관련하여 전문가회의에서 우리나라와 같이 '일본해' 표기에 반대를 하였다. 그러나 1994년 제1차 정부간회의를 서울에서 개최하고자 하는 우리의 제안에 반대를 하였으며, 서울회의에도 참여를 하지 않았다. 그 당시 북한의 핵개발로 남북관계가 경색 국면에 있었던 것이 원인이었던 것 같다.

NOWPAP이 동북아 해양환경의 보전이라는 그 목적을 달성하기 위해서는 북한의 참여가 필요하다. 현재 북한이 핵과 미사일 개발 등으로 유엔의 제재에 직면하고 있으나 이 문제가 어느 정도 해결이 되는 시점이 되면 북한의 NOWPAP 참여 문제도 자연스럽게 다루어질 수 있을 것이다.

NOWPAP 제1차 정부간회의 보고서(1994, 서울)
(UNEP(OCA)/NOWPAP IG. 1/5, Report of the Meeting)

Annex IV
ACTION PLAN FOR THE PROTECTION, MANAGEMENT
AND DEVELOPMENT OF THE MARINE AND COASTAL
ENVIRONMENT OF THE NORTHWEST PACIFIC REGION

1.3 Geographic coverage

[9. The geographic scope of the Northwest Pacific Action Plan spans from about 121 degrees E to 143 degrees E longitude, and from approximately 52 degrees N to 33 degrees N latitude.]

NOTE: THE GEOGRAPHIC SCOPE REMAINS TO BE AGREED

NOWPAP 제2차 정부간회의 결정문(1996, 동경) (UNEP(WATER)/NOWPAP IG. 2/5, Resolution 1)

1. <u>Decides</u> to endorse the recommendation in Paragraph 9 of the Action Plan, by the Experts and National Focal Points of the Preparatory Meeting for the Second Intergovernmental Meeting, that:

The geographical scope of NOWPAP will cover the marine environment and coastal zones of the following States:

[Democratic People's Republic of Korea;]
Japan;
People's Republic of China;
Republic of Korea; and
Russian Federation

from about 121° E to 143° E longitude, and from approximately 52° N to 33° N latitude, without prejudice to the sovereign right of any State.

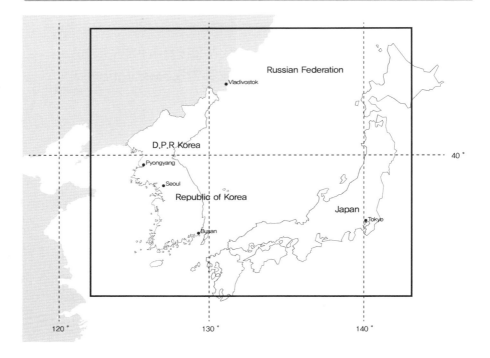

16 NOWPAP 사무국 유치 외교

1. 사무국 설립 경과

동북아의 해양 환경 보호를 위해 북서태평양보전실천계획(NOWPAP)이 한국, 중국, 일본, 러시아 등 4개국을 회원국으로 하여 1994년 출범되었다. NOWPAP은 유엔환경계획(UNEP)의 지역해 프로그램 중 하나로 발족이 되었는데, 이런 연유로 UNEP은 NOWPAP이 출범할 당시부터 임시 사무국 역할을 수행하였다.

NOWPAP의 활동이 매년 30만 달러 정도의 자발적 기여금으로 안정적인 궤도에 들어감에 따라 회원국들 간에는 정식 사무국을 설립해야 한다는 의견이 제기되었다. 그리고 임시 사무국 역할을 맡고 있던 UNEP도 NOWPAP이 독자적으로 활동할 수 있도록 정식 사무국의 설립을 희망하였다. 이러한 진행은 협력체의 발전에서 자연스러운 과정이었다.

이러한 배경하에 2000년 3월 인천에서 개최된 제5차 NOWPAP 정부간회의는 사무국 설립을 위한 절차를 확정하고, 이 절차에 따라 유치 희망국은 유치 제안을 할 것을 요청하였다. 우리나라와 일본은 각각 유치제안서를 제출하였는데 이후 양국은 경쟁을 하다 협의를 통해 공동 사무국을 설립하기로 하였다. 그리고 그 해 12월 동경에서 개최된 제6차 정부간회의는 우리나라와 일본의 합의를 승인하였다.

공동 사무국이라는 구상이 결실을 맺게 된 배경에는 그 당시 조성되어 있던 양국 간의 우호관계에 기인하였다. 1998년 한일 양국 정상은 '한일 파트너십 공동선언'을 발표하였으며, 양국은 2002년 월드컵도 공동주최하기로 한 바 있었다. 특히 한일 월드컵 공동주최는 NOWPAP 사무국 공동유치도 자연스럽게 받아들일 수 있는 배경이 되었다.

2. 사무국 유치 경쟁

2000년 제5차 NOWPAP 정부간회의에서 정식 사무국(RCU, Regional Coordinating Unit) 설립을 위한 절차가 논의될 때 최대 쟁점은 유치 제의가 다수일 경우 이에 대한 해결책이었다.

우리나라는 4개 회원국 간 컨센서스를 주장하였으며, 일본은 컨센서스가 불가능할 경우 투표를 할 것을 강하게 요구하였다. 우리나라와 일본은 의사결정 방식을 놓고 강하게 부딪쳤으나, NOWPAP이 UNEP의 지역해 프로그램이기 때문에 투표를 허용하는 UNEP 집행이사회 규정을 적용하되, 컨센서스에 도달하기 위해 최대한 노력을 경주하기로 하였다.

NOWPAP 사무국 유치 제안서는 예상했던 대로 우리나라와 일본이 제출하였다. UNEP은 양국 제안서에 대한 비교표를 작성하여 회람을 하였는데, 우리나라는 사무국 입지여건, 제공 시설, 그동안 기여 등의 면에서 일본과 대등하거나 유리하였으나, 사무국 직원 채용을 위한 예산 지원을 최장 5년으로 제한하여 일본보다는 다소 불리하였다.

우리나라는 일본과의 사무국 유치 경쟁이 과도하게 진행되면 누가 승자가 되더라도 비용이 과도해지는 부작용을 우려했다. 이러한 상황 인식은 일본도 함께 공유하고 있었다. 일본은 그 해 6월 NOWPAP 사무국을 양보하면, 우리나라가 동북아 육상 환경문제를 다루는 동북아환경협력계획(NEASPEC) 사무국을 유치하도록 지원하겠다는 제안을 하였다.

그러나 이 제안은 우리나라로서는 받아들이기가 어려웠다. NOWPAP 사무국 문제는 한일 양자 간 협의로 해결될 수 있는 사안이나, NEASPEC 사무국 문제는 한일 양국 외에도 여타 회원국이 관계되는 사안이었으며, 우리나라에서는 NOWPAP과 NEASPEC의 집행 부처가 해양수산부와 환경부로 구분되어 있었기 때문이었다.

우리나라와 일본은 계속하여 타협점을 모색해 나갔다. 마침내 11월 하순에 양국은 단일 사무국 설치가 바람직하나 양국의 사무국 유치 입장이 지속될 경우 NOWPAP의 발전에 지장을 줄 수 있다는 점을 고려하여 사무국의 기능을 분할하여 양국에 사무국을 설치하는 방안을 추진하기로 하였다.

3. 합의를 위한 마지막 노력

우리나라와 일본은 그 해 12월 초 동경에서 개최된 제6차 NOWPAP 정부간회의는 양국이 합의한 공동 사무국 설립을 추인받는 자리라고 생각하였다. 그러나 회의는 단독 사무국을 주장하는 중국의 반대와 공동 사무국의 설치를 임시(on a temporary basis)로 하자는 러시아의 제동으로 양국의 생각과는 반대로 흘러갔다.

우리나라와 일본 양국은 중국과 러시아를 설득하였다. 이후 러시아의 제안을 토대로 논의가 진행되었으며, 중국과 러시아는 양국의 설득에 따라 '임시'라는 문구는 포기하되 공동 사무국 방안에 대해 정기적인 점검을 하는 문구를 추가하였다. 최종적으로 중국, 러시아는 2001년 2월 UNEP 집행이사회 이전까지 우리나라와 일본의 공동 사무국 운영방안을 토대로 지지여부를 제시하는 것으로 합의하였다.

우리나라와 일본은 동경 제6차 정부간회의에서 수차례의 비공식접촉을 통해 공동 사무국의 운영방안을 협의하였다. 협의에서의 쟁점은 공동 사무국을 대표하는 사무국장의 소재에 관한 문제와 NOWPAP이 그 당시 수행하고 있던 그리고 수행할 예정인 활동을 균등하게 양 사무소에 배분하는 문제였다.

양국은 사무국장은 차장과 함께 매 4년마다 양 사무소 간에 순환하기로 하되, 사무국장의 첫 소재지는 일본으로 하고, 신규로 채택될 육상오염원에 의한 해양오염 대응 사업은 우리나라가 맡기로 하였다.

2001년 2월에 개최된 UNEP 집행이사회는 NOWPAP 이행 결정문(UNEP/GC.21/30)을 통해 제6차 NOWPAP 정부간회의에서 공동 사무국을 설치하기로 한 결정을 환영하였다. 이후 UNEP의 우리나라, 일본과의 유치협정 체결과정을 거쳐 2004년 11월에 NOWPAP의 부산(釜山) 사무소와 토야마(富山) 사무소가 각각 개설되었다.

UNEP 집행이사회의 NOWPAP 이행 결정문
(UNEP/GC.21/30, 2001)

The Governing Council,

....

1. <u>Welcomes</u> the decision of the Sixth Intergovernmental Meeting to establish a Regional Coordinating Unit for the Action Plan to be administered by the United Nations Environment Programme and co-hosted by Toyama, Japan and Pusan, the Republic of Korea;

4. <u>Requests</u> the Executive Director to establish the Northwest Pacific Action Plan Regional Coordinating Unit as a United Nations Environment Programme-administered secretariat of the Northwest Pacific Action Plan;

5. <u>Further requests</u> the Executive Director to enter into negotiations with Japan and the Republic of Korea for the host country agreements for co-hosting a single Regional Coordinating Unit in the terms reflected in resolution 2 in the report of the Sixth Intergovernmental Meeting in accordance with United Nations rules and regulations and to inform, and if necessary, consult with the other member States, on the progress of such negotiations;

17 NEASPEC 사무국 유치 외교

1. 사무국 설립 추진 경과

동북아환경협력계획(NEASPEC) 제1차 고위급회의(SOM, Senior Officials Meeting)가 1993년 2월 서울에서 개최되었다. 이 회의는 환경문제의 초국경적 특성 때문에 그 어느 때보다도 동북아 역내 국가 간 협력이 필요한 시점에 개최되었으며, 1992년 브라질 리우 지구환경정상회의의 요청에 대한 지역 차원의 후속조치 성격도 있었다. 이 회의의 임시 사무국 역할은 ESCAP이 맡았다.

1996년 9월 몽골 울란바토르에서 개최된 제3차 SOM에서는 '동북아환경협력계획 프레임워크(Framework for NEASPEC)'가 채택되었다. 이 프레임워크를 통해 완벽하지는 않지만 동북아 환경협력을 위해 활동할 수 있는 기반이 수립되었다. 이때까지 회원국들은 NEASPEC 사무국 설립 문제는 중기적인 이슈로 간주하고 '점진적인 접근'을 취하였다.

NEASPEC 사무국 설립 문제를 본격적으로 제기한 것은 ESCAP이었다. ESCAP은 인력과 재원을 지원해야 하는 임시 사무국 역할을 계속 맡고 있는 데 대해 부담을 느끼고 있었다. ESCAP은 1998년 러시아 모스크바 제4차 SOM부터 사무국 설립 방안을 제시하기 시작하였다. 그러나 여전히 회원국들의 반응은 차가웠다.

2000년 3월 서울에서 개최된 제6차 SOM에서 우리나라는 동북아환경협력을 위한 '비전선언문' 채택을 주도하고 동 선언문에 NEASPEC의 재정 기반을 안정화시키기 위한 '핵심기금(Core Fund)' 설립을 포함시켰다. 핵심기금은 회원국의 자발적 출연에 의존하지만 재원을 조성할 수 있는 제도적 기반이 되었다. 핵심기금 설립은 사무국의 필요성에 대한 논의를 촉진시켰다.

마침내 2001년 7월 중국 북경에서 개최된 제7차 SOM에서 ESCAP은 독립 사무국(permanent secretariat)이 2003년에, 늦어도 2004년에는 설치되어야 한다고 강하게 제안하였다. 그리고 이 회의에서 사무국 유치를 희망하는 국가는 의향을 표시할 것을 요구하는 결정이 채택되었다. 이로써 사무국 유치 논의가 본격적으로 시작될 수 있는 길이 열렸다.

2. 우리나라의 유치 제안

2007년 3월 중국 북경에서 개최된 제12차 SOM에서 우리나라는 NEASPEC 사무국 유치 제안서를 제출하였다. 우리나라가 유치 제안을 할 수 있었던 배경에는 그 당시 송도를 국제도시화하기 위해 국제기구를 적극 유치하려는 인천시의 노력이 있었다. 인천시는 NEASPEC 사무국 유치를 위해 사무국 공간 제공, 사무국에 대한 재정지원 등을 제시하였다.

제12차 SOM에서 NEASPEC 회원국들의 우리나라의 제안에 대한 질의가 있었으며, 우리는 현장에서 그리고 이후 서면으로 답변을 하였다. 핵심 질문 중 하나는 사무국과 ESCAP과의 관계인데, 우리나라는 ESCAP과 공식적인 관계는 그대로 유지하는 것이 바람직하며, 이를 위해 NEASPEC 사무국이 ESCAP과 제도적으로 연결되는 '프로그램 사무국(Programme Secretariat)' 방안이 현실적임을 설명하였다.

또한 프로그램 사무국 방안은 ESCAP의 사무국 기능을 NEASPEC 사무국이 가져오지만, ESCAP 로고는 그대로 사용함으로써 양자가 연결되어 있는 장점이 있음을 설명하였다. 그리고 이러한 방식은 지역 환경프로그램인 남태평양환경프로그램(SPREP), 남아시아환경프로그램(SACEP), ASEAN 등에서도 활용되고 있음을 설명하였다.

또 다른 질문은 사무국의 재정 및 운영상 효율성 관련이었는데, 우리나라는 NEASPEC 사무국은 인천이 제공하는 재정 지원을 우선 활용하고, 이후 사무국에서 재원 확보 활동을 보다 활발히 하여 부족한 재원을 보충할 것을 제안하였다. 또한 활동에 대한 평가는 주기적으로 이루어질 수 있으며 회원국 간의 관계도 현재와 다르지 않음을 설명하였다.

우리나라는 이러한 설명을 통해 그 해 5월 카자흐스탄에서 개최되는 ESCAP총회에서 우리나라의 NEASPEC 사무국 유치 결정을 이끌어 내고자 하였으나, NEASPEC 회원국들의 컨센서스를 얻기가 어려웠다. 제12차 SOM 직후 진행된 협의에서 중국, 일본, 몽골은 긍정적인 반응을 보였으나, 북한과 러시아는 소극적인 입장을 보였다.

3. 새로운 국면의 대두

2007년 12월 유엔은 총회 결정(GA Res. 62/236)을 통해 유엔 차원의 개발 활동을 효과적으로 수행할 수 있는 방안을 요구하였다. 그리고 2008년 2월 이 결정을 이행하기 위한 유엔사무총장의 보고서가 제출되었는데, 보고서의 요지 중 하나는 유엔의 지역사무소 기능을 소지역 사무소 개설을 통해 강화하는 것이었다.

유엔사무총장의 보고서는 ESCAP의 경우 기존에 있던 남태평양 사무소 외에 동북아, 중앙아, 서남아에 지역 사무소를 개설하고, 동남아에는 연락 사무소를 설치하는 방안을 제시하였다. 그 결과 NEASPEC 사무국 문제는 2009년부터 진행된 동북아 소지역 사무소(SRO-ENEA, Subregional Office for East and North-East Asia) 논의에서 다루어지게 되었다.

2009년 1월에 ESCAP은 동북아 사무소에 관심 있는 국가는 유치 제안서를 제출할 것을 요구하였다. 이 요청에 응해 우리나라(인천)와 중국(북경)이 유치 제안서를 제출하였다. 우리나라는 사무소 공간 등을 제공하고 사무소 활동을 위해 2백만 달러 이상을 기여하겠다는 의사를 표명하였다. 그러나 중국은 지원에 대한 구체적인 언급 없이 유치가 된다면 정부에서 지원을 할 것임을 언급하였다.

이후 ESCAP은 외부 컨설턴트를 통해 양국의 제안을 비교 분석하는 참고자료를 만들었다. 컨설턴트의 보고서는 우리에게 우호적이지 않았는데 중국에 한국보다 많은 유엔기구들과 원조국 기관들이 있고 한국에서 북한으로의 이동이 어려움 등을 지적하면서, 중국이 더 적절한 곳이며 한국은 전략적으로 매력적이지 못한 곳으로 평가하였다.

2009년 4월 ESCAP 총회에서 우리나라는 우세한 지원 조건을 강조하며 컨설턴트의 분석을 강하게 반박하였다. 한편 중국은 이미 ESCAP 산하 기구를 북경에 가지고 있고 또 재정지원 방안을 제시하지 못하는 상황에서 유치에 적극적인 우리나라와 경쟁하기를 원하지 않았다. 중국의 양보로 우리나라는 ESCAP 동북아 사무소를 유치하게 되었다.

4. 동북아 사무소에 둥지를 트다

2010년 3월 소지역 사무소 논의를 위한 ESCAP 특별 정부간회의는 NEASPEC을 인천 소재 ESCAP 동북아 사무소의 활동 영역에 포함하였다. 그리고 3월 동경에서 개최된 NEASPEC 제15차 SOM은 ESCAP 동북아 사무소가 NEASPEC의 사무국 역할을 해 줄 것을 요청하였으며, 4~5월 인천에서 개최된 제66차 ESCAP 총회는 동북아 사무소가 NEASPEC 사무국으로 기능할 것이라는 점에 유념하였다.

2011년 5월 방콕에서 개최된 제67차 ESCAP 총회는 ESCAP의 NEASPEC 임시 사무국 역할을 종료하고, ESCAP 동북아 사무소가 NEASPEC의 사무국으로 기능할 것을 최종 결정하였다. 이로써 NEASPEC 사무국 설립 문제를 둘러싼 그동안의 오랜 논의는 완결되었다.

2011년 9월 서울에서 개최된 제16차 NEASPEC 고위급회의(SOM)는 ESCAP 동북아 사무소가 사무국으로 역할을 하며 개최된 첫 회의가 되었다.

NEASPEC 제15차 고위급회의 보고서(2010, 동경)

7. The Meeting......, and recommended the operational functions of interim secretariat of NEASPEC will be carried out by the ESCAP Subregional Office for East and North-East Asia in Incheon.

ESCAP 제66차 총회 보고서(2010, 인천)

163. .... In response to the decision of the fifteenth Senior Officials Meeting of the North-East Asian Subregional Programme for Environmental Cooperation (NEASPEC), the Commission noted that the Subregional Office for East and North-East Asia would function as the secretariat of NEASPEC.

ESCAP 제67차 총회 보고서(2011, 방콕)

234. The Commission decided to discontinue the interim nature of ESCAP serving as the secretariat of NEASPEC and endorsed the proposal that the Subregional Office for East and North-East Asia serve as the secretariat of NEASPEC.

Part

07

환경협상 에피소드

© 극지연구소, 남극 세종기지 앞 펭귄들

PART 7 환경협상 에피소드

환경외교를 하다 보면 에피소드가 될 만한 사례들을 많이 접하게 된다. 전술한 환경외교 사례들이 기록적인 성격을 많이 갖고 있는 데 반해, 이 장에서 다루고자 하는 사례들은 기록적인 성격도 있지만 좀 더 가볍게 읽을 수 있는 내용일 것으로 생각된다. 이 에피소드들은 '딱딱하게' 느껴지는 환경외교에 쉽게 다가가게 할 것이다.

다섯 편을 모아 보았는데, 첫째 에피소드는 우리가 경험하기 힘든 협상의 무대에 관한 것이다. 과히 '세기의 협상'이라고 할 수 있는 협상이 2009년 12월 덴마크 코펜하겐 기후변화회의에서 벌어졌다. 비공개로 진행된 주요국 정상들 간에 벌어진 이 협상의 분위기와 내용은 단편적으로 언론에 보도되었다.

둘째와 셋째 에피소드는 동물에 관한 것인데 한국인들이 특별히 좋아하는 호랑이와 우리들의 상상력을 자극하는 펭귄에 관한 것이다. 동물과 관련된 에피소드는 많은 사람들의 환경외교에 대한 관심을 제고시킬 것이다. 이 외에도 멸종위기동식물보호협정인 CITES 협약이 다루는 동식물과 관련하여 흥미 있는 사례들이 많이 있다.

넷째 에피소드는 동해표기 문제이다. 동해표기 문제는 환경외교의 본질은 아니다. 그러나 우리나라의 입장에서는 묵과할 수 없는 사안이라 오류가 발견된 경우에는 시정조치를 하여야 한다. 환경 외교의 대상이 해양 문제인 경우에는 동해가 제대로 표기되어 있는지를 항상 살펴보아야 한다.

2020년 11월 국제수로기구(IHO) 회의에서 동해/일본해 표기 문제로 오랜 기간 채택되지 못한 "해양과 바다의 경계(S-23)" 해도집을 디지털 방식의 신표준인 S-130을 개발하여 대체하기로 하였다. S-130이 개발되면 해역은 지명 표기 없이 고유번호로 표기될 것이다. 그러나 IHO의 해도집이 아닌 일반 지도의 경우 동해 표기 문제가 해결되는 것이 아니므로 지속적인 모니터링이 필요하다.

다섯째 에피소드는 환경외교에 있어 내용도 중요하지만 절차적인 문제도 회의의 성패를 가를 정도로 중요하다는 점을 일깨워 주는 사례이다. 많은 국제회의 참석자들이 회의 진행 절차의 중요성에 대해 심각하게 인식을 못하는 경우가 많다. 그러나 국제회의에서 자국의 이익을 효과적으로 대변하기 위해서는 내용과 절차에 대한 균형된 지식이 필요하다.

　　마지막으로 국제기구 근무를 꿈꾸는 인재들을 위해 비록 도전에 실패한 경우이지만 개인적인 경험을 소개하였다. 국제기구에 진출하는 경로는 다양하다. 그러나 어떠한 경우도 개인의 능력(merit)이 뒷받침되어야 한다. 국제기구에 진출하기 위해서는 기회가 주어질 때 도전하기 위해 항상 준비하는 자세가 필요하다.

18 코펜하겐 그린룸

1. 밀실 정상회의

2009년 12월 덴마크 코펜하겐에서 2012년 이후 기후변화체제(post-2012)에 관한 마무리 협상회의가 개최되었다. 이 회의의 중요성을 감안하여 전 세계 122개국에서 정상이 참석하였다. 이들은 지난 2년간 진행되어 온 기후변화협상의 마무리를 축하하면서, 기후변화 대응을 위한 국제사회의 단합된 의지를 보여주고자 하였다.

그러나 협상 현장의 상황은 200여 페이지에 달하는 미해결 협상 문서였다. 이러한 위기 상황에서 회의장 Bella Center의 한쪽 구석 조그마한 방 Arne Jacobsen에 주요 25개국 정상들과 유엔 사무총장, EU 집행위원장 등이 모여 문안 협상을 하게 되었다. 이 협상은 2주간 협상의 마지막 날인 12월 18일에 11시간 동안 진행되었다.

이 세기의 협상은 '정상회의 중의 정상회의(The Summit within the Summit)' 또는 '25인 소정상회의'로 불렸는데, Gordon Brown 영국 총리는 '제2차 세계대전 이후 가장 중요한 회의'라고 언급하였다.

이 세기의 협상장에는 회의 의장국인 덴마크의 Rasmussen 총리, 선진국을 대표하는 미국의 Obama 대통령, 독일 Merkel 총리, 프랑스의 Sarkozy 대통령, 영국의 Brown 총리 등과 개도국을 대표하는 중국의 Wen Jiabao 총리, 인도 Singh 총리 등이 참석하였다. 그리고 군소도서국, 아프리카 국가의 정상들이 참여하였으며, 우리나라의 이명박 대통령도 참석하였다.

그러나 이 25인 회의에서도 선진국과 개도국 간의 대립으로 협상은 교착 상태에 빠졌다. 이 교착상태는 개도국의 맹주역할을 하는 중국, 인도, 남아공, 브라질의 BASIC 그룹 정상들이 별도로 회의를 하고 있던 곳에 미국의 Obama 대통령이 초대 받지 않은 상황에서 '밀고 들어가' 이들과 담판을 함으로써 타개되었다. 국제사회가 기대하던 '코펜하겐 합의'는 협상 막바지에 구원투수로 등장한 정상들의 노력으로 탄생하였다.

2. 코펜하겐 합의

'코펜하겐 합의(Copenhagen Accord)'에는 이전에는 볼 수 없었던 온도목표가 반영되었다. 즉 산업혁명 이전과 비교하여 금세기 말 지구온도 상승은 '2℃ 이하(below)'가 되어야 한다는 구체적인 목표가 합의되었다. 인류와 생태계가 감내할 수 있는 상한이 2℃인지에 대한 논란도 있었지만 어쨌든 2℃로 합의가 되었다.

핵심 논란은 이 온도목표를 달성하기 위해 범지구적인 온실가스 배출량을 어느 정도로 제한해야 하는지 즉 장기 감축목표에 관한 것이었다. 회의장에서는 2007년에 발표된 기후변화 정부간패널(IPCC)의 제4차 보고서가 제시한 범지구적으로는 2050년에 1990년 대비 50%를 감축하되, 이를 위해 선진국은 1990년 대비 80%를, 개도국은 상당히 감축한다는 시나리오가 거론되었다.

12월 18일 오후 회의에서 독일 Merkel 총리는 2050년에 1990년 대비 50%를 감축하는 범지구적 장기 감축목표를 수용한다면 선진국은 일방적으로 2050년에 1990년 대비 80%까지 감축하겠다는 제안을 하였다. 그러나 중국의 외교차관은 장기 감축목표를 수용할 수 없음을 밝히며, 독일 Merkel 총리의 제안을 거부하였다.

중국의 거부는 Merkel 총리의 제안을 수용하게 되면, 인구가 크게 증가하는 개도국의 온실가스 배출량이 1990년 204억 톤에서 2050년에는 23%가 줄어든 157억 톤이 되며, 1인당 배출량은 1990년 5톤에서 2050년에는 60%가 줄어든 2톤이 된다는 계산에 따른 것이었다.

선진국들은 중국의 거부에 크게 반발하였다. 이는 이날 오전에 인도 환경장관이 2050년에 1990년 대비 50% 감축이라는 장기 감축목표를 '대기에 대한 공평한 접근'을 전제로 수용한 바 있었는데 중국이 오전에 합의했던 인도의 제안을 무효화하고, 선진국의 일방적 감축 노력도 합의에 담을 수 없도록 하고 있었기 때문이었다.

최종적으로 코펜하겐 합의에는 범지구적 장기 감축목표와 관련하여 '2℃ 이하'라는 목표를 달성하기 위해서는 IPCC가 언급한 것처럼 과학이 요구하는 과감한 온실가스 감축(deep cuts)이 필요하다는 문안으로 타협이 되었다.

또 다른 쟁점은 온실가스 감축노력을 모니터링 하는 문제였다. 선진국들의 경우 이들의 감축노력은 당사국총회에서 합의된 가이드라인에 따라 모니터링 할 수 있었다. 그러나 개도국에 대해서는 감축 노력을 모니터링 할 수 있는 수단이 없었으며,

개도국은 기후변화체제에서 온실가스 감축의무가 없으므로 이러한 모니터링의 대상이 아니라고 주장하였다.

이 문제는 개도국들의 자발적 감축노력은 국내 모니터링 체제에 따르도록 하고, 국제사회로부터 지원을 받은 감축 노력은 개도국의 주권을 고려하면서 합의된 가이드라인에 따라 모니터링과 보고를 하도록 요구하였다. 개도국들은 온실가스 감축과 관련하여 국제적인 간섭을 받지 않기 위해 최대한 노력하였다.

코펜하겐 합의에 이 정도의 내용이라도 담을 수 있었던 데에는 선진국들이 개도국들의 기후변화 대응을 위해 필요한 재원으로 2020년까지 연간 1천억 달러를 공동으로 조성한다는 내용에 합의해 주었기 때문이었다. 그리고 초기 조치로 2010년부터 2012년 기간에는 3백억 달러를 조성하기로 한다는 내용도 추가되었다.

3. 당황스러운 사태

'코펜하겐 합의'가 도출되고 난 이후 이 합의가 생명력을 갖기 위해서는 실무 협상가들이 모인 본회의에서 채택되어야 했다. 그런데 수단과 베네수엘라 등 강성 개도국들은 소수의 정상들이 밀실에서 만든 합의를 추인할 수 없다는 주장을 하였다. 심지어 수단 대표는 이 합의를 아프리카를 죽이는 '홀로코스트(Holocaust)'라는 용어를 사용하였다.

반기문 유엔사무총장은 본회의장에서 주요 협상그룹 대표들을 접촉하면서, 코펜하겐 합의는 선진국과 개도국 간에 현격한 시각차가 있는 현실에서 얻을 수 있는 최선의 합의임을 강조하며 이들을 설득해 나갔다.

유엔사무총장의 이러한 노력 덕분에 코펜하겐 기후변화회의에서 코펜하겐 합의는 '주목한다(takes note)'라는 표현으로 공식 프로세스에 편입되었다(Decision 2/CP.15). 코펜하겐 합의의 주요 내용들은 1년 후인 2010년 11~12월 멕시코 칸쿤에서 개최된 기후변화회의에서 '칸쿤 합의'로 생명력을 갖게 되었다.

코펜하겐 회의는 기후변화 협상에서 많은 교훈을 주었다. 무엇보다도 협상 과정의 투명성에 대한 중요성을 각인시켰다. 비록 소수의 정상들이 밀실에서 합의한 내용이더라도 그 합의의 '무게'를 고려하면 실무자들이 거부할 수는 없었을 것이라는 것이 상식이었지만, 본회의장에서는 정 반대의 상황이 재연되었던 것이다.

밀실 회의였지만 회의장 바깥에서 대기하고 있던 타국의 대표들과 소통이 있었더라면 이들의 대표성도 제고되고 투명성도 제고되어 문제가 발생하지 않았을지도 모르겠다. 그러나 회의 막바지에 소집되어 시간에 쫓기면서 시도된 전례가 없는 정상들의 문안협상은 주최측의 회의 준비 미숙으로 평가할 수밖에 없다.

또 하나 개혁되어야 할 것은 기후변화협상의 의사결정 방식이다. 거의 모든 국제회의는 투표를 통한 의사결정 방식을 가지고 있다. 그러나 기후변화 체제는 그 출범 때부터 투표 방식에 합의를 이루지 못해 컨센서스로 의사결정을 하여 왔다. 그러나 이 의사결정 방식은 어느 한 국가라도 합의를 저지할 수 있다는 것을 의미한다.

유엔 법률국에 따르면 컨센서스는 '투표를 하지 않고 모든 국가가 묵시적으로 동의하는(tacit consent)' 것이다. 즉 어느 한 국가라도 명시적으로 반대 의사를 표명하면 컨센서스가 이루어졌다고 볼 수 없는 것이다. 따라서 컨센서스에 의존하는 의사결정 방식이 변경되지 않고서는 기후변화 협상에서 의미 있는 결정이 채택되기가 쉽지 않은 상황이다.

코펜하겐 기후변화협약 제15차 당사국총회 결정문

Decision 2/CP.15 Copenhagen Accord

The Conference of the Parties,

Takes note of the Copenhagen Accord of 18 December 2009.

19 서울대공원 호랑이

1. 희귀동물을 통한 외교

국가 간에는 친밀한 우호관계를 표시하는 방법으로 귀한 동물들을 선물로 주는 외교관례가 오래전부터 있었다. 희귀 동물들은 선물을 받는 상대방 국가에 존재하지 않거나 이전에 존재했으나 멸종된 동물들이 주로 대상이 된다. 이러한 외교는 소프트한 외교로 상대방 국민의 마음을 사는 데는 더할 나위 없이 좋은 방안이다.

중국은 2008년 경상남도 창원에서 람사르협약 당사국총회가 개최되었을 때는 우리나라에서는 멸종된 따오기 한 쌍을 기증한 적이 있었다. 또한 2014년 6월 한·중 정상회담을 위해 방한한 시진핑 중국 국가주석은 판다 한 쌍의 기증을 약속했으며, 이에 따라 2016년 3월 한 쌍의 판다가 특급 공수작전을 거쳐 우리나라에 도착했다.

창녕군 우포늪 인근 따오기복원센터에서 복원된 따오기는 2021년 현재 400마리 이상으로 개체수가 늘어났으며, 2019년부터는 자연으로 방사를 시작하게 되었다. 1979년 마지막으로 확인된 이후 동요 속에서만 존재하던 따오기가 람사르총회를 계기로 복원되어 우리들의 품으로 돌아오게 되었다.

우리나라 사람들의 호랑이에 대한 사랑은 유별나다. 단군신화 때부터 등장하는 용맹한 백두산 호랑이는 안타깝게도 20세기 초에 한반도에서 사라졌다. 이 호랑이에 대한 향수를 가지고 있는 우리나라는 충분한 개체 수를 보유하고 있는 중국, 러시아로부터 호랑이를 도입하는 노력을 지속적으로 추진하였다.

1994년 장쩌민 중국 국가주석은 김영삼 대통령의 방중 선물로 호랑이 한 쌍을 기증하였으며, 2005년 후진타오 중국 국가주석도 방한 시 노무현 대통령에게 한 쌍을 기증하였다. 그리고 2010년에는 러시아의 푸틴 총리가 한·러 수교 20주년을 기념하는 의미로 이명박 대통령에게 호랑이 기증을 약속하였다.

2. 호랑이 로스토프와 펜자

러시아에서 도입한 시베리아 호랑이는 그 도입 과정에 사연이 많았다. 2009년 6월 러시아의 환경보호청장이 우리나라를 방문하였는데 동인은 방한기간 중 우리 국민들의 호랑이에 대한 각별한 애정을 확인하고, 귀국하여 시베리아 호랑이 한 쌍을 기증할 뜻을 우리나라에 알려 왔다. 이후 우리나라는 호랑이 한 쌍을 도입하기 위한 준비를 진행하였다.

그런데 2009년 11월 국내 한 일간지에 '통역의 실수로 받은 백두산 호랑이 선물'이라는 기사가 났다. 이 기사는 러시아 환경보호청장이 방한하였을 때 우리의 백두산 호랑이에 대한 관심이 기증 의사를 묻는 질문으로 잘못 전달이 되었고 러시아 측에서 이를 진지하게 검토하여 호랑이 기증을 결정하게 되었다는 것이었다.

여러 외교적 요인을 고려한 호랑이 기증 결정이 '통역의 실수'에 의한 것이라는 기사는 오해를 불러일으킬 수도 있었다. 우리나라는 호랑이를 기증하고자 하는 러시아의 선의를 높이 평가하고 있음을 기회가 있을 때마다 전달하면서 오해가 발생하지 않도록 노력하였다.

2010년 9월 이명박 대통령이 러시아를 방문하였을 때 러시아의 푸틴 총리는 시베리아 호랑이 한 쌍의 기증을 약속하였다. 2010년은 한·러 수교 20주년이 되는 해였고, 또 이 해는 호랑이의 해였다. 우리 국민들이 좋아하는 호랑이보다 더 한·러 양국 관계를 강화시켜 줄 수 있는 상징적인 선물은 없었다. 러시아가 우리나라에 큰 선물을 한 것이었다.

이 호랑이들은 2011년 5월에 우리나라에 왔다. 이 호랑이들은 야생 상태에서 태어난 것을 동물원에서 기른 개체들로 동물원의 이름을 따서 수컷은 '로스토프', 암컷은 '펜자'로 불리어졌으며, 서울대공원에 정착을 하였다. 우리나라 땅을 밟는 데 우여곡절이 있었지만 이 호랑이들은 한국과 러시아 양국 우호관계의 상징으로서 역할을 하고 있다.

20 남극 펭귄마을

1. 킹조지섬 Narebski Point

2009년은 남극조약(Antarctic Treaty)이 채택된 지 50주년이 되는 해였다. 이 해는 우리나라에도 남극 관련 활동에 특별한 의미가 있는 해였다. 미국 볼티모어에서 개최된 제32차 남극조약 당사국회의(ATCM, Antarctic Treaty Consultative Meeting)에서 우리나라가 제안한 남극 세종기지 인근의 Narebski Point(일명 펭귄마을)가 171번째 남극특별보호구역(ASPA)으로 지정된 것이다.

남극조약 부속 환경보호의정서(일명 마드리드의정서)는 부속서 5(Annex V)에 특별보호구역에 대한 규정을 두고 있다. 특별보호구역은 환경적, 과학적, 역사적, 자연적 가치 중 어느 하나의 가치가 있거나 과학탐사를 보호하기 위한 실익이 존재하는 지역이 지정된다. 그리고 특별보호구역은 지정 요청국이 제안한 관리계획서에 따라 보호된다.

우리나라가 제안한 특별보호구역 관리계획서는 펭귄마을을 인근 지역과 구분하기 위해 표지판을 설치하고, 과학적 목적을 위해서만 펭귄마을에 출입할 수 있도록 하고 있다. 그리고 펭귄마을에 출입하는 사람은 남극조약 개별 당사국이 발급한 허가증을 지참하도록 하고 펭귄 등의 번식기인 10월 말부터 이듬 해 3월까지는 출입을 엄격하게 제한하였다.

펭귄마을에는 턱끈펭귄, 젠투펭귄을 포함하여 남극도둑갈매기 등 번식 조류 9종, 아델리펭귄, 남극가마우지 등 비번식 조류 5종이 존재한다. 특히 턱끈펭귄은 약 2,900쌍이 서식하여 남극 내 최대 서식지이기도 하다. 남극에는 대개 이끼류가 서식하고 있는데 남극에서 꽃을 피우는 2종의 식물 중 1종인 남극좀새풀이 이곳에 있다.

특별보호구역 지정은 환경보호 차원에서 지정하는 것이며 남극에 대한 영유권

과는 관련이 없다. 또한 특별보호구역에 대한 출입 허가는 남극조약 개별 당사국의 권한이기 때문에 우리나라가 출입을 통제할 수 있는 것은 아니다. 다만 우리나라가 주도적으로 관리하는 특별보호구역이 남극에 존재한다는 상징적인 의미가 크다고 할 수 있다.

2. 지정을 위한 노력

남극에 특별보호구역을 지정하기 위한 노력은 2005년 말로 거슬러 올라간다. 환경부는 2005년 12월부터 이듬해 11월까지 남극특별보호구역 지정에 관한 연구용역을 실시하였다. 동 연구를 통해 펭귄 집단군서지인 Narebski Point를 지정 대상으로 검토하고 지정 절차 및 요건을 조사하였다.

2007년 2월부터 11월까지 이어진 제2차 연구용역에서는 펭귄마을의 경계설정, 펭귄마을에 서식하는 동식물상 및 생태학적 요인 조사, 그리고 펭귄마을의 보호가치 평가 등을 수행하였다. 이러한 2차에 걸친 연구용역을 통해 우리나라는 2008년 6월 우크라이나 키예프에서 개최된 제31차 남극조약 당사국회의에 '펭귄마을'을 특별보호구역으로 지정해 줄 것을 요청하였다.

우크라이나 당사국회의는 우리나라가 제출한 관리계획서와 미국과 칠레가 제출한 수정 관리계획서를 검토할 소그룹(SGMP)을 구성하여 운영하기로 하였다. SGMP에는 우리나라를 포함하여 15개 당사국과 2개 기구가 참여하였으며, 우리나라는 이들로부터 제기되는 질의에 대해 설명하고 필요한 경우에는 관리계획서도 수정하였다.

남극조약 당사국회의의 의사결정은 컨센서스이다. 따라서 한 나라라도 이의를 제기할 경우에는 우리나라의 특별보호구역 지정은 어려움에 직면하게 된다. 대부분의 SGMP 회원국들은 우리나라의 설명에 만족하였으나 아르헨티나는 수차례에 걸쳐 펭귄마을을 특별보호구역으로 지정하는 데 대해 이견을 제기하였다.

아르헨티나는 SGMP를 통해 Narebski Point를 특별보호구역으로 지정해야 할 사유의 적정성 여부, 육상 접근로 이외에 해상접근로의 미비 등의 의견을 제시하였다. 우리나라는 지정 목적이 증가하고 있는 인간의 간섭으로부터 동 구역의 생태적,

과학적, 자연적 가치를 보호하기 위함임을 설명하고 관리계획에 아르헨티나가 주로 이용하는 해상접근로도 추가하였다.

우리나라는 이후에도 아르헨티나의 이견 제기가 이어짐에 따라 이 문제는 외교적으로 해결하는 것이 필요하다는 판단을 하였다. 그리고 이에 따라 외교채널을 통해 우리나라의 Narebski Point 지정문제에 대해 협조를 요청하였다. 남극조약 당사국회의 직전에 외교채널을 통해 아르헨티나가 펭귄마을의 특별보호구역 지정을 지지하겠다는 반가운 소식이 도착하였다.

우리나라는 남극조약 당사국회의 기간에 환경보호위원회(CEP) 의장과 SGMP 그룹의장에게, 그리고 CEP 참석국들에게 아르헨티나의 지지를 확보했음을 통보하며 협조를 요청하였다. 최종적으로 환경보호위원회는 Narebski Point를 특별보호구역으로 지정하기로 하였으며, 남극조약 당사국회의는 환경보호위원회의 권고를 받아 지정을 결의하였다(Measure 13 (2009)).

Narebski Point 관련
제32차 남극조약 당사국회의 결정문
(Measure 13 (2009), 2009.4.17.)

The Representatives,

....

Recommend to their Governments the following Measure for approval in accordance with paragraph 1 of Article 6 of Annex V to the Protocol on Environmental Protection to the Antarctic Treaty:

That:

1. Narebski Point, Barton Peninsula, King George Island, be designated as Antarctic Specially Protected Area No. 171; and

2. the Management Plan which is annexed to this Measure be approved.

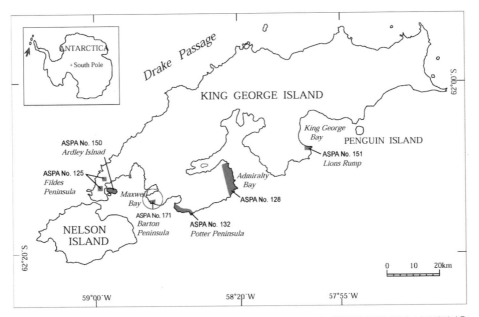

© 대한민국 정책브리핑, 남극펭귄마을

21 동해와 말비나스

1. 창원 람사르총회의 암초

2008년 10~11월 경상남도 창원에서 람사르협약 제10차 당사국총회가 개최되었다. 우리나라는 이 회의를 성공적으로 주최하는 데 방해가 되는 크고 작은 암초들을 피하기 위해 노력하였다. 이러한 가운데 당사국 총회 결정문 초안에 포함된 동해 표기 관련 사안은 이 회의를 좌초시킬 수도 있는 커다란 암초였다.

이 결정문의 본문에는 해양의 명칭에 대한 내용은 없었다. 그러나 이 결정문이 언급하는 연안 습지를 지정할 때 활용되는 해양생물지역(MEOW, Marine Ecoregions of the World) 연구는 전 세계 해양환경을 232개로 분류하고 있었는데, 이 중 하나의 해양 생태계인 동해가 일본해로 표기되어 있었던 것이었다.

MEOW는 해양 생태계를 연구하는 The Nature Conservancy와 다수의 연구기관 학자들이 2007년 7~8월 BioSciences에 기고한 글을 통해 알려지게 되었다. MEOW는 전 세계 해양생물지역을 12개 realms, 62개 provinces, 232개 ecoregions로 구분하고 있었다. MEOW는 해양 생태계의 보전 및 지속가능한 이용을 위해 기본이 되는 생물지역 구분이 있어야 한다는 과학적 측면에서 작성되었다.

그러나 MEOW의 분류체계를 적용할 경우, 232개 해양생물지역(ecoregion)의 하나인 동해에 있는 연안 습지가 일본해에 존재하는 것으로 이해될 수도 있어 이 문제는 창원총회가 개최되기 전에 우선적으로 해결해야 할 사안이었다.

2. 동해/일본해 병기 노력

2008년 6월 람사르 상임위원회가 스위스 글랑에서 개최되었다. 우리나라는 이 문제를 해결하기 위해 "람사르 회의가 정치화되는 것을 방지하기 위해서는 MEOW 에 동해와 일본해가 병기되어야 함"을 협약 사무국에 설명하였다.

이에 대해 사무국은 MEOW 생물지리구(biogeographic region) 구분은 협약 당사국의 연안습지 관리를 지원하기 위한 순수 과학적 연구임을 언급하면서 이 문제의 해결을 위해 노력하겠다는 반응을 보였다. 그리고 이후 MEOW를 작성한 The Nature Conservancy 등 국제컨소시움은 MEOW 작성 과정에서 동해/일본해 문제를 인지하지 못했음을 인정하며 병기에 대해 호의적인 입장을 전달해 왔다.

글랑 상임위원회 회의에서 사무국은 MEOW를 작성한 주저자가 MEOW 상의 지리적 경계, 지명 문제 등에 관해 많은 제안을 받고 있으며 이를 토대로 협의를 진행하여 수정본이 발간될 예정임을 보고하였다. 그리고 창원 당사국총회에 제출될 결의안에 생물지리구 지도를 첨부할 계획임도 밝혔다.

3. 포클랜드/말비나스

그 해 10~11월 창원 당사국총회에서 MEOW와 관련된 결정문 초안을 놓고 논의가 시작되었다. 이 결정문 초안에는 생물지리구 지도가 첨부되어 있었는데 우리나라의 주장을 반영하여 해당 해양생물지역이 동해/일본해로 병기되어 있었다.

우리나라는 이 사안이 잘 처리되기를 기대하였으나 문제는 엉뚱한 곳에서 터졌다. 아르헨티나와 영국 간에 포클랜드/말비나스로 병기되어 있는 표기에 대해 논란이 벌어진 것이었다. 아르헨티나는 말비나스 단독 표기를, 영국은 포클랜드 명칭의 정당성을 주장하며 반박에 나섰다. 아르헨티나와 영국의 다툼으로 결정문은 생물지리구 지도를 제외하고 채택되었다.

아쉬움이 많이 남는 상황이었지만, 결정문에 MEOW의 발간 이후에 해양생물지역(ecoregion)의 경계, 명칭 등과 관련하여 많은 수정 요청들이 있었으며 향후 1~2년 내에 이러한 요청들을 반영한 갱신이 있을 것이라는 내용이 포함되어 있어 나름위안이 되었다.

람사르협약 제10차 당사국총회 생물지리구 관련 결정문
(2008, 창원)

Resolution X.20

Biogeographic regionalization in the application of the *Strategic Framework for the List of Wetlands of International Importance:* scientific and technical guidance

4. NOTING AlSO that ...... and that since its publication, the MEOW has gained broad international acceptance as an appropriate global standard for the biogeographic regionalization of the coastal and near-shore marine environment, with updates planned for the future;

Annex

Supplementary guidance on the application of biogeographic regionalization schemes

Marine bioregionalization schemes

XX. Since its initial publication, a number of formal corrections to the MEOW ecoregions have been collated, including minor boundary adjustments and changes to nomenclature. It is planned that a formal update to the MEOW system will be issued within one to two years after its initial publication and will include all such adjustments.

22 나고야의정서 구조선

1. 순탄치 않은 폐막

국제회의가 일정대로 폐막되는 경우도 있지만, 회원국 간 이견으로 연장논의가 불가피한 경우도 많다. 회의장에서는 이 경우 '시계를 멈춘다(stop the clock)'라는 표현을 사용하며, 회의의 마지막 날이 계속되는 것처럼 논의를 이어 간다. 2010년 10월 일본 나고야에서 개최된 생물다양성협약 제10차 당사국총회도 이러한 경우였다.

회의 폐막일인 10월 29일 금요일, 마지막 본회의가 오후 4시 38분에 시작되었다가 차기 당사국총회 유치국인 인도의 리셉션과 미해결 쟁점에 대한 비공식협상을 위해 정회되었다. 이후 본회의는 저녁 11시 10분에 속개되었는데, 2주간 회의의 막바지라 모두가 지쳐 있는 상황이었다.

속개회의가 시작되자마자 절차 문제로 유럽연합(EU)과 쿠바 등 개도국 대표 간에 공방이 벌어졌다. EU는 금번 당사국총회의 주요 성과물인 생물유전자원에 관한 나고야의정서, 2011-2020년 기간 생물다양성보전전략, 재원확보 메커니즘에 관한 3개 결정문을 '함께(jointly)' 채택하자고 제안하였으며, 쿠바 등 개도국은 3개 결정문을 '건별로(one by one)' 채택하자고 주장하였다.

3개 안건의 상황을 살펴보면 나고야의정서는 전체 문안이 합의되었으나, 생물다양성보전전략과 재원확보 메커니즘 안건은 여러 곳에 미합의 표시인 브래킷([   ])이 남아 있는 상황이었다. EU는 개도국이 나고야의정서를 채택하고 나머지 2개 안건의 처리를 지연하는 상황을 우려하였다. 쿠바는 2개의 안건은 '긴 토론이 필요하다'는 발언으로 EU의 의구심을 더욱 강화시켰다.

2. Point of Order

당사국총회 의장인 일본 환경대신 松本 龍(Ryu Matsumoto)은 EU와 쿠바 등 개도국의 주장을 들은 다음 3개 안건을 건별로(one by one) 다루겠다는 의견을 최초 제시하였다. 이에 대해 EU가 나고야의정서뿐만 아니라 나머지 2개 안건 채택에 대한 '보증'이 필요하다고 재차 발언하고, 쿠바 등 개도국은 의장의 의견을 지지하며 반발하였다.

의장은 이 난관을 타결하기 위해 3개 안건을 건별로 다루면서 각 안건에 대한 합의를 먼저 확인하고, 이후 3개 안건을 패키지로 공식적으로 채택하는 방안을 제안하였다.

이 제안 후 의장은 이미 합의가 있는 나고야의정서에 대한 토론은 종결하고, 생물다양성보전전략 안건으로 넘어갔으며, 담당 작업반 의장에게 현재 상황을 보고하게 하였다. 그러나 이 상황 보고 중간에 쿠바는 의사진행발언(Point of Order)을 신청하였다. 의사진행발언은 모든 발언에 대해 우선순위를 갖기 때문에 작업반 의장의 보고는 중단되었다.

의사진행발언이 제기되면 의장은 동 발언이 의사진행에 관한 것인지 여부를 판단하고, 의사진행발언인 경우 발언의 수용 또는 불수용을 결정해야 한다. Matsumoto 의장은 쿠바의 3개 안건 채택과 관련한 의사진행발언에 대해 기제시한 '안건별 합의 확인, 3개 안건 패키지 채택'이라는 제안을 고수하였다.

이후 쿠바는 세 번이나 더 의장의 결정에 반대하는 발언을 하였다. 이러한 상황에서 이 교착상태를 해결하기 위해 애쓰고 있는 의장에 우호적인 발언이 이어졌다. 그리고 스위스, 뉴질랜드, 케냐, 한국 순으로 마지막 발언을 하였는데, 필자가 발언을 마치자 회의장에서 박수가 쏟아졌다.

한국의 발언 직후 쿠바는 의장의 결정을 수용한다는 발언을 하였다. 쿠바로서는 의장의 결정에 이의를 제기하며 투표를 요구할 수도 있었으나, 회의장 전체 분위기를 고려할 때 이 같은 선택을 할 수 있는 상황은 아니었다. Matsumoto 의장은 한국의 발언이 회의의 분위기를 반전시키는 데 '결정타'가 되었다고 이후 회고록에서 평가하였다.

3. 제2라운드 전개

이후 나고야의정서, 생물다양성보전전략, 재원확보 메커니즘 순으로 논의가 진행이 되었다. 나고야의정서와 관련하여 많은 국가가 완벽하지는 않지만 현 상황에서 최선의 합의라는 발언을 하였으며, 이 의정서에 불만이 있는 국가는 자국의 불만을 회의록에 기록해 줄 것을 요구하며 채택을 위한 컨센서스를 방해하지는 않는다는 발언을 하였다.

생물다양성보전전략 안건은 작업반 의장이 제시한 2020년까지 생물다양성 감소율 반감, 국제적으로 육상과 해양 생물보전구역 각각 17%와 10% 확보 등 구체목표에 모두가 동의를 하였다. 그리고 재원확보 메커니즘 안건은 차기 당사국총회에서 구체적인 재원확보 목표를 채택하는 것으로 하고 이 건도 합의를 하였다.

문제는 재원확보 메커니즘 안건이 합의되었다고 선언한 직후에, 볼리비아가 자국이 발언을 신청했는데 의장이 성급하게 합의를 선언했다고 이의를 제기한 것이었다. 의장은 이미 합의를 선언한 결정을 고수하며 볼리비아의 주장은 회의록에 기록하겠다고 대응하였다.

그러나 볼리비아가 수차례 이의를 제기하고 의장이 이를 받아들이지 않는 과정에서 남미 일부국가가 볼리비아를 지지함에 따라 상황은 더욱 악화되었다. 심지어 볼리비아는 의장이 3개 안건에 대한 패키지 채택을 제안하자, 채택에 반대한다는 '폭탄 발언'을 하였다. 볼리비아의 주장을 어떤 식으로든 해결해야 하는 상황이 초래되었다.

이 상황을 해소하는 데 브라질이 큰 역할을 하였다. 브라질은 볼리비아의 주장이 재원확보 메커니즘 합의 내용에 해가 되는 것이 아니므로 수용할 것을 제안하였으며 일부 남미국가들이 브라질의 제안을 지지하였다. 이후 볼리비아의 주장이 반영되고 3개 안건이 패키지로 모두 채택이 되었다.

폐막일 속개회의는 이후 여러 안건을 채택하고 자정을 넘겨 토요일 새벽 2시 59분에 종료되었다.

　助け船を出してくれた韓国とスイスの政府代表団

　次いで発言した韓国の首席交渉官である環境部のキム・チャンウー国際協力局長の言葉が決定打となりました。キム局長も9月の国連総会でお会いしている方でした。

　「私たちはここ２週間、議長の指導に従って議論を交わしてきた。すでに日付は３０日になった。私は3つの文書を国に持ち帰りたい。手順に異論はあるだろうが、生態系を保全したい、地球を守りたいという意思はみな共通しており、この３つの文書はいずれも不可欠。議長の提案を強く支持したい」。発言が終わると、参加者から一斉に拍手が巻き起こり、会場のムードは一変しました。

　구조선이 되어 준 한국과 스위스의 정부대표단

　이어서 발언한 한국의 수석교섭관인 환경부의 김찬우 국제협력국장의 말이 결정타가 되었다. 김국장은 9월 유엔총회에서 만난 적이 있다.

　"우리는 지난 2주 동안 의장의 지도하에 논의를 교환해 왔다. 이미 날짜상 30일이 되었다. 나는 세 개의 문서를 가지고 한국에 돌아가고 싶다. 절차에 이견은 있겠으나, 생태계를 보전하고, 지구를 지키고 싶다는 뜻은 모든 문서에 반영되어 있으며, 이 세 개의 문서는 모두가 필요하다. 의장의 제안을 강력히 지지하고 싶다." 발언이 끝나자 참가자로부터 일제히 박수가 터져 나오고, 회의장의 분위기는 완전히 바뀌었다.

23 국제기구 진출 도전

1. 주케냐 대사 부임

2011년 5월 주케냐 대사로 부임하였다. 케냐가 동부 아프리카의 중심이다 보니 인근에 있는 소말리아, 에리트레아와 인도양에 있는 모리셔스, 세이셸, 코모로를 관할하게 되었다. 물론 주재국인 케냐와의 외교 업무가 가장 많았다. 주케냐 대사의 또 다른 임무는 나이로비에 소재하는 국제기구인 UNEP와 UN Habitat의 상주대표 역할을 하는 것이었다.

케냐의 수도 나이로비에는 유엔의 지역본부가 있는데, 이 지역본부는 제네바, 비엔나 지역본부와 함께 유엔의 3대 지역본부 중 하나이다. 나이로비 지역본부에는 UNEP과 UN Habitat가 사무국을 두고 있으며, 웬만한 국제기구의 아프리카 지역사무소도 소재하고 있다. 아프리카 대륙에 있어 '외지다'는 느낌은 있지만 나이로비는 명실상부한 다자외교의 무대이기도 하다.

나이로비에 근무하는 동안 UNEP과 UN Habitat를 깊이 들여다볼 기회가 있었다. 이들 기구는 나이로비 소재 상주대표회의(CPR, Committee of Permanent Representatives)를 통해 운영되는데, 필자는 UN Habitat 상주대표회의 의장직을 2012년 1월부터 2년간, UNEP 상주대표회의 의장직을 2013년 7월부터 이듬해 귀국 시까지 맡아 활동하였다.

이러한 과정 중에 2013년 5월 UNEP 사무차장인 Amina Mohamed가 케냐의 외무장관으로 발탁되어 동인이 맡고 있던 사무차장 자리가 공석이 되는 일이 발생하였다. 이 자리는 국제 환경업무에 관심있는 사람이라면 당연히 흥미를 느낄 수 있는 자리였으며, 필자도 UNEP이라는 국제기구에서 새로운 세계를 경험해 보고 싶었다.

UNEP은 5월에 환경과 지속가능발전에 대한 지식과 경험, 사무총장을 보좌하며 8백 명 이상의 직원을 관리할 수 있는 능력을 갖춘 사무차장을 모집한다는 공고를 냈다. 사무차장 선발은 나이로비에서 1차 서류심사, 2차 서면과제, 3차 인터뷰 순으로 진행하고, 뉴욕의 유엔사무총장이 선발된 인원(short list) 중에서 한 명을 낙점하는 과정이었다.

지원서를 제출하기 며칠 전 뉴욕으로부터 전화를 한 통 받았다. 뉴욕의 분위기를 전해 주는 내용이었다. 뉴욕에서는 UNEP 사무차장 직에 아프리카 인사가 임명되어야 한다고 아프리카 국가들이 강하게 주장하고 있다는 내용이었다. 실망스러운 내용이었으나 어느 단계까지 갈 수 있는지 시험해 보자는 생각으로 준비했던 지원서를 제출했다.

7월 초 어느 날 UNEP 사무국으로부터 전화를 받았다. 서류 심사 후에 서면 과제(Policy Paper)를 요청하는 메일을 보냈는데 답이 없다는 것이었다. 그 당시 여러 다른 일로 바빠서 사무국의 메일을 미처 확인하지 못했던 것이었다. 사무국에서는 두 가지 과제에 하루의 기한을 주었는데 다행히 시간에 맞추어 과제를 마무리할 수 있었다.

7월 17일 과제 심사 후 선정된 7명이 인터뷰에 참가하게 되었다. 인터뷰는 UNEP 사무총장을 포함한 4명의 고위직 인사가 진행하였다. 4명의 심사자는 1시간에 적격자를 가려내기 위해 분야를 나누어 질문을 하였다. 1시간이라는 긴 시간이 흐르고 인터뷰를 마치고 나올 때에 모든 과정이 마무리된 데에서 오는 해방감을 느꼈다.

케냐 나이로비에서 최종 과정이 끝나고, 필자를 포함한 4명이 뉴욕 유엔본부로 추천되었다. 최종적으로는 UNEP에 근무하고 있던 환경정책이행국 국장인 모리타니아인 Ibrahim Thiaw가 낙점을 받았다.

모든 과정이 끝난 후 Achim Steiner UNEP사무총장이 편지를 보내왔다. UNEP 사무차장 자리에 총 85명이 지원했으며, 모두가 자격이 있는 인사들이었지만 한 명만이 선발될 수밖에 없는 사정을 이해해 주기 바란다는 내용이었다. 도전을 하였으나 성공하지 못했다는 데서 오는 아쉬움은 컸으나, 유익한 경험이었다고 위로하면서 주어진 일로 복귀하였다.

환경외교의 현장

2016 독일 본 기후변화회의 우리 대표단 회의 장면

1. 환경외교의 특성

환경외교는 국가 간의 이해관계를 조정해 나가는 과정이기 때문에 국가 주도 (country-driven)로 진행된다. 그리고 최종 결정에 따른 이행도 국가가 책임을 지게 된다. 환경협약 또는 환경기구 등의 사무국은 협상의 진행을 지원하는 역할을 하게 되며, NGO, 경제·산업계, 싱크탱크 등은 간접적으로 협상에 영향을 미친다.

환경외교가 전개되는 무대는 다양하다. 환경이 핵심 주제가 되는 곳이 있으며, 여러 주제 중 하나로 다루어지는 곳도 있다. 환경외교의 주 무대는 국제 환경회의, 환경협약, 환경기구, 환경 관련 협력체 등이며, 환경 사안의 연계적 특성(cross-cutting) 때문에 UN, OECD, WTO, G20, APEC 등 여러 다른 다자무대에서도 환경 사안이 논의된다.

국제사회의 지속가능발전 패러다임은 환경 사안이 토의되는 무대를 확장시키고 있다. 환경의 지속가능성은 경제, 사회 발전의 토대가 되며, 역으로 경제, 사회의 발전은 환경의 지속가능성에 영향을 주기 때문이다. 따라서 환경과 경제, 사회의 상호 지지적 성격은 환경 사안을 여러 다른 곳에서 다룰 수밖에 없게 한다.

환경외교는 글로벌, 지역, 양자 차원에서 진행된다. 그러나 협상 메커니즘은 협상 참여자의 수, 다루는 의제의 다양성 등에 따라 차이가 있다. 글로벌, 지역 차원의 협상 간에도 차이가 있지만, 이 차이는 양자 협상과 비교하면 그렇게 크지는 않다. 따라서 협상을 크게 다자와 양자 협상으로 구분하여 설명하기도 한다.

다자 환경협상 특히 글로벌 차원 협상에서 합의를 해 나가는 과정은 양자 협상 과는 확연히 다르다. 우선 협상의 방향에 관한 지침을 합의하고 이후 이 지침에 따라 협상을 하게 되는데, 개별 국가의 다양한 목소리는 협상그룹 차원에서 대변토록 하여 참여자의 수를 줄이고, 쟁점들에 대한 일괄 타결을 통해 참여자들 간 이해관계에 균형을 추구한다. 카르타헤나 의정서 협상에서 유래한 '비엔나 세팅'은 그룹 대표 중심으로 협상을 진행하여 참여자의 수를 줄인 대표적인 방식이다.

다자 환경협상은 다양한 이해관계의 조정을 위해서 소통에 많은 노력과 시간이 소요된다. 그러다 보니 회의 막바지에는 주요 국가들 간에 쟁점을 해소하기 위해 '밀실 협상'이 진행되기도 한다. 2009년 코펜하겐 기후변화 회의의 실패 요인 중 하나로 밀실 협상장에 있던 주요 국가들과 협상장 바깥에서 결과를 지켜보던 국가들 간의 소통 부재를 꼽기도 한다.

다자 환경협상에 있어 합의의 수준은 그렇게 높지 않다. 상충되는 이해관계를 조정해 나가면서 만들어 내는 합의의 수준이 높기가 어렵기 때문이다. 그러나 이러한 어려움을 극복하고 회의 주최국이 철저한 준비를 하고 리더십을 발휘할 때는 역사적인 합의가 만들어지기도 한다. 2015년 파리협정의 탄생은 주최국인 프랑스가 훌륭한 역할을 한 경우이다.

2. 환경외교 프로세스: 준비

환경외교는 크게 '준비 – 협상 – 이행'이라는 3단계로 구분된다. 환경외교를 이야기할 때 대개 협상만을 떠올리게 되나, 국내에서 진행되는 협상의 전 단계인 준비와 협상 이후 단계인 이행에도 신경을 써야 한다. 왜냐하면 이 일련의 과정은 상호 긴밀히 연계되어 있으며, 준비와 이행은 협상의 토대가 되기 때문이다.

좋은 협상을 하기 위해서는 협상 준비를 철저히 하여야 한다. 준비의 핵심은 자국의 입장을 만드는 것인데, 우리나라는 관련 부처의 의견을 토대로 입장을 만들어 협상 대표단에게 '훈령'이라는 형태로 주게 된다. 각 부처는 의견을 제시하기 전에 NGO, 경제, 산업계 등의 이해관계자들과 대화를 하며 이들의 의견을 수렴하는 절차를 거치기도 한다.

국가의 입장을 만드는 데 환경 측면의 입장과 경제, 산업 측면의 입장이 대개 충돌을 한다. 이러한 충돌을 조정하는 것은 쉽지 않은 과제이다. 이 문제는 정부의 환경을 바라보는 시각과 국가의 미래에 대한 비전에 따라 해결될 수밖에 없다. 국민들의 환경에 대한 인식 수준은 정부의 의사결정에 영향을 미칠 것이다.

다자 환경협상은 검토해야 할 내용이 엄청나기 때문에 사안을 잘 이해하고 입장을 준비하는 것이 중요하다. 이를 위해 사무국을 통해 배포되는 협상 문서를 잘 소화하는 것이 중요한데, 국제적으로 잘 알려진 싱크탱크들의 분석을 참고하는 것도 좋은 방법이다. 이들은 오랫동안 관련 사안들을 들여다보고 있어 분석에 깊이가 있어 입장 정립에 유용하다.

자국의 입장을 어떻게 관철할 것인가에 대한 전략도 이 준비 과정에서 마련해야 한다. 이 전략에는 우호적인 국가들과 협상그룹을 구성하거나 사안별로 연대하는 방안이 있을 수 있다. 또한 의장단이나 사안별 진행자들과 좋은 관계를 맺어 놓거나, 부대행사(side event) 등을 활용하여 아웃리치 활동을 전개할 수도 있다.

큰 규모의 협상인 경우 대개 정부대표들이 협상하는 공간과 부대행사가 진행되는 공간이 구분되어 있다. 각국은 부대행사 공간에 홍보 부스를 설치하고 자국의 환경정책을 설명하기도 하고, 국제기구, 싱크탱크 등과 함께 세미나를 개최하거나 이들이 주최하는 행사에 참여하기도 한다. 부대행사가 진행되는 공간은 정부대표들과 시민사회가 만나는 공간이기도 하다.

3. 환경외교 프로세스: 협상

가. 협상 지침

다자 환경협상은 협상 지침(mandate)을 토대로 진행된다. 협상 지침은 협상의 결과물 등과 같은 콘텐츠에 관한 부분과 협상 시한 등과 같은 프로세스에 관한 부분으로 구분할 수 있다. 협상 지침은 이후 전개되는 협상에 준거가 되기 때문에 협상 지침 자체를 만드는 협상에도 각별한 신경을 써야 한다.

협상 지침은 환경협약을 만들거나 후속 의정서를 만드는 데 빈번히 활용된다. 리우(Rio) 협약으로 언급되는 기후변화협약과 사막화방지협약은 유엔총회의 결의로, 생물다양성협약은 UNEP 집행이사회 결정으로 추진되었다. 후속 의정서의 경우는 협약 당사국총회의 결정으로 협상이 진행된다. 이들 협상 지침은 모두 결과물을 상정하고 협상의 기한을 설정하고 있다.

협상 지침은 여러 차원에서 생각해 볼 수 있다. 환경협약과 후속 의정서를 만들어 내는 협상 지침도 있는 반면에, 리우회의 등과 같은 환경회의 개최와 관련된 지침 또는 특정 주제 또는 절차와 관련된 상대적으로 '가벼운' 지침도 있을 수 있다. 협상 지침에 있어 경중은 있지만 향후 있을 행동에 대한 준거가 된다는 점에서 주의를 기울여야 한다.

협상 지침의 중요성은 여러 사례에서 살펴볼 수 있다. 기후변화체제에서 교토의정서를 만든 베를린 협상지침은 온실가스 감축 의무를 선진국(부속서 1국가)에 한정한 데 반해, 파리협정을 만든 더반 협상지침은 모든 국가를 대상으로 온실가스 감축 행동을 요구하였다. 이러한 협상 지침이 만들어질 수밖에 없었던 상황도 있었지만, 협상 지침의 차이는 적용 대상의 차이로 나타났다.

나고야의정서를 협상하는 과정에서 우리나라는 협상 지침을 근거로 상대방의 주장을 반박한 바 있다. 즉 생물유전자원과 연계된 전통지식의 보유 주체를 '토착지역공동체'로 한정하고 있는 협상 지침을 근거로 보유 주체를 국가로 확대하고자 하는 주장을 반박하였다. 협상 지침을 벗어나는 주장은 경기에서 '골대를 옮기는 것 (moving the goalposts)'과 같아서 지지를 얻기가 어렵다.

나. 합의수준과 의사결정 방식

다자 환경협상은 상당히 많은 사안을 다루게 되며 의장단은 사안별 사회자(facilitator)의 도움을 받아 전체 결과물을 만들어 낸다. 환경협상은 국가 주도의 협상이기 때문에 사무국의 도움은 받지만 의장단이 협상 문서를 만들어 나가야 한다. 따라서 의장단은 토의를 진행해 나가면서 각국이 수용할 수 있는 수준(landing zone)을 계속 점검해 나간다.

협상에서 결과물은 모두가 동의할 수 있는 '최소공통분모(lowest common denominator)'를 담게 된다. 이 최소공통분모는 협상 참여자들 간 이해관계를 주고받는 과정(horse trading)을 통해 가능한 한 많은 참여자를 만족시키는 '일괄 타결안(package deal)'의 형태로 나타난다. 그런데 이 최소공통분모는 협상 상황에 따라 커질 수도 작아질 수도 있다.

합의의 수준(ambition) 즉 최소공통분모는 여러 요인에 의해 영향을 받는다. 협상 참여자들이 한 치의 양보도 없이 충돌하는 경우에는 아주 낮은 수준의 합의(race to the bottom)가 될 수도 있으며, 회의 주최국 또는 의장단의 노력, 원만한 일괄 타결안 제시, 국제사회의 압력 등 여러 요인에 따라 합의의 수준이 높아질 수 있다. 그러나 핵심 이익(red line)이라는 사안의 경우에는 타협이 쉽지 않다.

다자 환경협상은 합의의 방식으로 컨센서스(consensus)를 활용하고 있다. 의사 규칙에 투표를 규정하고 있는 경우에도 가능한 컨센서스를 도출하기 위해 노력한다. 기후변화 협상의 경우는 1995년 제1차 당사국총회부터 투표 규정에 대한 합의가 이루어지지 않아 컨센서스 방식으로 의사결정이 이루어지고 있다.

컨센서스는 한 국가라도 명시적인 반대가 없는 상황을 이야기한다. 그러나 컨센서스가 있다고 할 경우에도 모든 국가가 제안 또는 사안을 지지한다고 단정할 수는 없다. 이견이 있더라도 이런 저런 이유로 명시적인 반대를 하지 않는 경우도 있기 때문이다. 이 점은 모든 국가가 투표를 통해 동일한 방향으로 의사를 표시하는 만장일치(unanimity)와 구분된다.

한편 위와 같은 법적인 해석에도 불구하고 실제 현장에서는 컨센서스를 신축적으로 운용한 사례도 있다. 특히 한 국가가 반대를 하는 경우 의장이 컨센서스 합의를 밀어붙이는 경우를 볼 수 있다. 기후변화 협상에서 2010년 칸쿤회의, 2012년

도하회의에서 이러한 사례가 있었으며, 2015년 파리회의에서는 의장이 합의를 미리 선언하고 이후 반대의사를 가진 한 국가에 발언권을 부여하여 합의를 받아들이게 하였다.

회의의 막바지에 반대 의견을 개진하는 것은 쉽지 않다. 따라서 대부분의 국가들은 '타협의 정신(in a spirit of compromise)'으로 컨센서스에 동참함을 밝히면서 자국이 갖고 있는 이견을 기록으로 남겨줄 것을 요구하기도 한다. 이 경우는 구속력이 있는 협약의 경우보다 비구속적인 선언문 또는 행동계획을 채택할 때 많이 활용된다.

미국은 1992년 리우회의에서 리우선언문 제7원칙인 '공동의 그러나 차별화된 책임(CBDR)'에 대해 "이 원칙이 국제법 하에서 개도국의 책임을 약화시키는 것으로 해석되는 것을 받아들일 수 없음"을 밝히며 이를 기록으로 남겼다. 그리고 2002년 요하네스버그회의에서 이행계획을 채택할 당시 CBDR과 관련하여 동일한 입장을 밝힌 바 있다.

다. 합의 프로세스

다자 환경협상에서 합의에 이르는 과정은 양자 협상과는 확연히 다르다. 협상의 초기에는 협상 지침에 대한 해석, 토의되어야 할 내용, 최종 결과물의 모양 등에 대해 '중구난방'의 논의가 진행된다. 그리고 계속적인 토론을 거쳐 협상의 토대가 되는 문서가 등장을 하는데 이때부터 문서에 기초한(text-based) 협상이 진행된다.

협상의 전 과정에 있어 각국은 자국의 의견을 담은 제안서(submission)를 제출한다. 제안서에 담는 내용은 협상의 진전에 따라 달라지는데, 초기에는 제안서를 통해 자국의 입장을 주장하다가 이후 협상 문서가 등장을 하면 구체적인 문안을 제시하게 된다. 각국은 협상 문서에 자국의 문안이 포함되고, 유지되도록 노력한다.

협상은 미합의 쟁점을 줄여 나가는 과정이다. 이 과정에서 초기에 합의가 될 수 있는 사안(low hanging fruits)도 있으며, 이해관계가 첨예하게 대립하여 합의가 어려운 사안도 있다. 일부 국가들에 있어 어떤 사안은 도저히 양보할 수 없는 사안(red line)인 경우도 있다. 협상은 결승선을 향해 앞으로 달려가는 과정이다. 따라서 기존에 합의한 내용을 재검토(re-open)하자고 주장할 경우 큰 비난에 직면하게 된다.

협상 참석자들은 협상은 국가 간에 진행되는 것임을 주장하며 '우리의 안(Our Text)'을 고집한다. 그런데 우리의 안을 토대로 쟁점을 줄여 나가는 데는 많은 시간과 노력이 소요된다. 따라서 의장단은 협상의 빠른 진전을 위해 중재안(Chair's Text)을 제시하고자 하는 '유혹'을 느낄 수 있다. 그러나 중재안은 협상 참석자들이 필요성을 느끼는, 그리고 더 이상 늦출 수 없는 시점에 제시되어야 한다.

중재안은 '너무 이르지도, 늦지도 않은(not too early, not too late)' 적절한 시점에 제시되어야 효과를 발휘할 수 있다. 중재안이 너무 이르게 제시되면 협상 참석자들은 시간적 여유가 있다고 느껴 '우리의 안'을 만드는 협상을 계속하자고 할 것이며, 너무 늦게 제시되면 이 중재안마저 토의할 시간이 부족하기 때문이다.

협상의 막바지에는 시한에 쫓겨 주고받는 양보가 이루어지게 된다. 협상에서는 항상 시간이 부족한데 의장단은 협상 시한을 무기로 합의를 종용하곤 한다. 협상의 마지막 날에는 '시계를 멈춘다(stop the clock)'라는 표현처럼 마치 회의의 마지막 날이 계속되는 것처럼 자정을 넘겨 가며 심지어 하루 정도를 연장해 가면서 협상을 하기도 한다.

최종적으로 합의 문안이 나왔으나 합의의 결과가 마음에 들지 않을 때 '의사 진행 발언(point of order)'을 활용하기도 한다. 의사 진행 발언은 어떤 발언보다 우선적인 권리를 가지기 때문에 진행되는 논의를 중단시킬 수 있다. 그러나 의사진행 발언은 회의의 진행을 지연 또는 저지시킬 수 있는 수단이기는 하나 회의장의 분위기도 고려하여야 한다.

협상에서는 '모든 것이 합의될 때까지 어느 것도 합의된 것이 아니다(Nothing is agreed until everything is agreed)'라는 격언이 있다. 매 협상마다 협상장의 분위기가 달라질 수 있기 때문에 핵심 이익이 걸려 있는 사안은 쉽게 포기하지 말고 끝까지 붙들고 있어야 한다. 자국의 입장을 치열하게 주장하다 보면 어느 정도의 양보도 얻어낼 수 있다.

4. 환경외교 프로세스: 이행

다자 환경협상이 끝나게 되면 협상을 통해 채택된 문서를 국내적으로 이행하기 위한 단계로 접어든다. 환경협상의 결과물인 환경협약은 협약(convention), 협정(agreement), 의정서(protocol) 등의 다양한 형태로 나타나는데 법적인 구속력을 가지고 있다. 반면에 선언문, 행동계획 같은 것은 법적인 구속력은 없으나 이행을 권고하는 성격을 가지고 있다.

환경협약은 법적인 구속력이 있어 비준(ratification) 또는 가입(accession)의 절차를 밟게 된다. 비준은 협약이 채택되고 난 이후 통상 1년 정도의 서명 기한 내에 서명을 하고 당사국이 되는 경우이며, 가입은 서명을 하지 않고 당사국이 되는 경우이다. 비준서와 가입서 제출은 협약의 당사국이 되기 위한 법적인 의사표시로 효력에는 차이가 없다.

국가에 따라서는 서명 이후에 비준보다는 간단한 수락 또는 승인(acceptance or approval)의 절차를 거치는 경우도 있다. 이는 개별 국가의 국내 법체계에 따른 문제이다. 우리나라는 헌법 제60조 1항에 국민에게 중대한 영향을 미치는 조약은 국회의 동의를 얻어 비준할 것을 규정하고 있다. 환경협약도 이 조약의 범주에 들어간다.

환경협상의 결과물이 환경협약인 경우는 국내적으로 이 협약을 이행하기 위해 법적, 행정적, 정책적인 조치를 취하게 된다. 협약 그 자체로는 국내에서 이행이 어렵기 때문에 구체적인 법률과 시행령 제정, 관련 조직의 신설 또는 강화, 인력과 예산의 배정, 그리고 국가 정책으로 협약의 이행을 지원하게 된다.

환경협약은 당사국들이 협약을 이행하도록 하는 의무 준수(compliance) 또는 이행(implementation) 메커니즘을 규정하고 있다. 이 메커니즘이 본격적으로 도입되고 활용된 것은 1987년 몬트리올의정서가 분기점이 되었으며, 그 이전의 협약은 이러한 메커니즘을 갖추는 방향으로, 이후의 협약은 보다 더 정치한 방향으로 메커니즘을 만들어 나가고 있다.

의무 준수 또는 이행 메커니즘은 환경협약마다 상이하다. 예를 들면 위반 여부의 제기와 관련하여 당사국 이외에 제3자에게 권한을 주는지, 위반 여부의 최종 판단을 준수 또는 이행 메커니즘이 하는 것인지 아니면 당사국총회가 하는 것인지, 그리고 위반에 대한 조치가 이행을 촉진하기 위한 것인지 아니면 제재에 초점이 맞추어진 것인지 등에서 많은 차이가 존재한다.

의무 준수 또는 이행 메커니즘은 의무 위반(non-compliance) 상황을 교정하기 위해 조언, 재원 및 기술지원, 능력형성 지원 등과 같은 이행 촉진적인 조치(facilitative)와 권리 행사 중지, 페널티 부과 등과 같은 제재 조치(punitive)를 활용하고 있다. 대부분의 환경협약이 이행 촉진적인 조치에 중점을 두고 있으나, 경제적인 이해관계가 큰 경우에는 제재 조치도 활용이 된다.

환경협약은 당사국마다 협약 준수 또는 이행 능력에 차이가 있음을 인식하고 있다. 위반 여부의 판단 근거가 되는 국가 보고서(national report) 작성에서부터 단속 등의 법 집행 능력도 상이하다. 국가 보고서가 간단한 경우도 있지만 통계 시스템을 구축하고 이를 다루는 기관과 전문 인력이 필요한 경우도 있고, 단속도 조직과 훈련된 인력이 필요하다. 이러한 상황에서는 이행 촉진적인 기능이 중요하다.

환경 분야에 있어 선도적인 정책을 추진하고 있는 우리나라는 환경 협약이 요구하는 의무를 준수하기 위해 최대한 노력하여야 한다. 의무 위반 사례가 발생하여 우리나라의 이름이 위반국 명단에 오르내리게 될 경우 우리나라의 국제적 위상도 타격을 받을 수 있다(naming and shaming). 따라서 환경 협약의 이행에 만전을 기울여야 한다.

5. 코펜하겐 회의 vs 파리 회의

환경 회의의 주최국 관점에서 회의의 성공적 개최를 위한 준비 과정을 살펴보는 것도 의미가 있다. 역사적인 환경 회의를 주최하고 이 회의를 성공적으로 이끌 경우 주최국의 국제적 위상은 높아질 것이다. 또한 회의 개최를 통해 높아진 국내의 환경 인식은 보다 적극적인 환경 정책을 추진하는 동력이 될 수 있다.

기후변화 협상에서 2009년 코펜하겐회의와 2015년 파리회의는 모두 역사적인 회의이지만 상반된 평가를 받고 있다. 2012년 이후 기후변화체제를 협상한 코펜하겐회의가 '절반의 성공'을 거두었다면, 2020년 이후 기후변화체제를 협상한 파리회의는 기후변화 협상에 있어 새로운 장을 연 성공적인 회의였다는 것이 일반적인 평가이다.

이러한 대조적인 결과를 만든 요인은 다양하다. 무엇보다도 2주간의 회의에서 고위급회의(high-level segment)를 활용하는 방식에서 찾아볼 수 있다. 코펜하겐회의는 그동안 해 오던 전통적인 방식에 따라 고위급회의를 회의 말미(12.16~18)에 배치하였다. 그리고 협상의 시한에 쫓겨 마지막 날(12.18)에 25개국의 정상들에게 문안 협상을 부탁하는 상황을 초래하였다.

정상들이 실무 협상가들이 해결하지 못하고 있는 쟁점의 정치적 해결을 위해 투입된 것이다. 정상들의 역할은 회의의 결과를 축하하는 것이며 문안 협상이 아님에도 불구하고 이러한 상황이 초래되었다. 그리고 이 협상에 참석한 소그룹 정상들의 대표성과 회의의 투명성 논란은 이후 본회의에서 정상들이 합의한 '코펜하겐 합의'가 평가 받지 못하는 데 일조를 하였다.

반면에 파리회의는 회의 첫째 날(11.30)에 정상 행사(Leaders Event)를 개최하여 정상들이 협상 타결에 대한 정치적 의지를 표명하도록 하고, 회의 둘째 주 초반(12.7~8)에 각료들이 참석하는 고위급회의(high-level segment)를 배치하여 이들이 자국 협상단에 실질적인 지침을 주도록 하였다. 그리고 각료들이 핵심 쟁점에 대해 대화를 이끌어 나가는 역할도 유도하였다.

그동안 많은 환경 회의에서 정상들과 각료들은 협상에 도움을 주고 싶어도 협상의 막바지에 고위급회의가 개최되는 구조로 인해 실질적인 도움을 주지 못하는 상황에 불만을 표시하곤 하였다. 파리회의는 코펜하겐회의에 대한 분석을 통해 정상들과 각료들을 잘 활용한 회의 구조로 인해 협상에 성공을 거두었다.

코펜하겐 회의의 또 다른 문제는 투명성과 민주적 절차였다. 덴마크는 소위 '덴마크 문안(Danish Text)'이라는 중재안을 준비했는데 이 문서가 코펜하겐회의 전에 언론에 노출됨으로써 덴마크는 협상 참석자들로부터 중립성을 의심받게 되었다. 그리고 고위급회의 개막일(12.16)에 협상의 상황을 고려하지 않고 중재안을 언급하는 실수를 하여 비난을 자초하였다.

이러한 상황에서 소그룹 정상회의를 통한 합의의 시도는 본회의에서 일부 국가들이 투명성과 민주적 절차에 대한 문제를 강하게 제기하게 만들었다. 이들 정상들의 정치적인 합의는 2010년 칸쿤 회의에서 '칸쿤 합의'로 생명력을 얻게 되었지만, 코펜하겐에서 이 합의는 '주목한다(take note)'라는 표현으로 채택되는 수모를 겪었다.

2015년 파리회의에서 회의 의장인 Laurent Fabius 프랑스 외교장관은 첫째 주

작업반 논의를 종결하고 둘째 주 협상을 위해 파리위원회(Comité de Paris)를 가동하였다. 이때 파리위원회의 지도 원칙으로 최종합의까지 계속 협상, 모든 당사국의 참여, 협상 과정의 투명성 등 세 가지 원칙을 밝힘으로써 코펜하겐회의에서 논란이 되었던 투명성과 민주적 절차 문제를 해소하였다.

파리회의는 150개국 이상에서 정상들이 참석하고, 3만 6천여 명이 참석한 매머드급 회의였다. 국제사회의 기후변화 대응에 대한 절박성, 주요 플레이어인 미국과 중국의 큰 틀에 대한 합의 등이 이 회의의 성공에 기여하였지만, 코펜하겐회의에 대한 철저한 분석을 통해 실패의 가능성을 최대한 줄인 프랑스 외교의 정치함에서도 회의 개최 성공의 비결을 찾아볼 수 있다.

1984년 외무부(이후 외교부)에 입부하고 근무한 지도 30년 이상의 시간이 흘렀다. 이 기간 중 20여 년을 국제 환경외교에 전념할 수 있었던 것은 개인적으로 큰 축복이었다. 어떤 때는 희망하는 환경 보직과 인사 주기가 맞지 않아 어려웠던 적도 있었지만, 환경외교의 매력은 이러한 어려움을 이겨 낼 수 있게 하였다.

    환경외교의 매력에 눈을 뜨게 된 계기는 1998년 아르헨티나 부에노스아이레스에서 개최된 기후변화협약 제4차 당사국총회 참석이었다. 이 회의는 전년도에 교토의정서가 채택되어 국제적으로 주목받을 만한 회의는 아니었다. 그러나 회의 첫날부터 '개도국의 자발적 공약'이라는 의제 채택을 둘러싸고 선진국과 개도국이 격돌하였으며, 대표단 내부에서도 이 문제로 찬반 격론이 벌어졌다.

    기후변화 문제는 국제사회가 힘을 합쳐 공동으로 대응해야 할 중대 도전이다. 그러나 협상의 결과가 개별 국가의 경제, 산업, 사회 전반에 큰 영향을 미치다 보니, 기후변화 회의장에서는 국제적인 대의보다 자국의 이익을 지키기 위한 국가 간의 대결이 펼쳐진다. 이러한 역동적인 회의장의 모습은 필자의 외교관으로서의 커리어에 전환점이 되었다.

    국제적으로 환경외교는 긴 역사를 가지고 있다. 우리나라는 뒤늦게 환경외교에 뛰어들었는데, 초기에는 환경 업무를 하는 사람들만 환경외교의 중요성을 인식하는 정도였으며 환경외교에 대한 이해도가 전반적으로 낮았다. 암호 같은 전문 용어들, 배경 지식이 없이는 이해가 어려운 내용 등은 높은 '진입 장벽'으로 작용하였다.

    우리나라의 환경외교가 발전하기 위해서는 환경외교에 대한 이해 제고를 통해 튼튼한 지지 기반을 만들어야 한다. 개인적으로는 국제 환경업무를 현장감을 담은 글로 풀어주면 이해가 제고되지 않을까 생각하였다. 그래서 5년의 주기로 책을 한 권씩은 써 보자는 결심을 했었는데, 이제 세 번째 책을 출간함으로써 그동안의 커리어를 마무리하게 되었다. 책을 쓰는 과정에서 환경외교에 대한 생각이 정리되고 나름의 안목이 생긴 것은 매우 큰 유익이었다.

    2006년에 발간한 '21세기 환경외교'는 환경외교의 쟁점과 방향에 대한 고찰을 통해 환경외교를 이해하는 렌즈를 제공하고자 하였다. 이 책은 지구환경외교를 관통하는 주제인 지속가능발전에 대한 분석에서 출발하여 우리나라 환경외교가 특별히 신경을 써야 할 기후변화, 생물유전자원, 환경과 무역의 연계, 동북아지역 환경 등의 사안을 다루었다.

한편 2010년에 쓴 '포스트 2012 기후변화협상'은 2007년부터 2009년까지 진행된 기후변화체제 협상을 쫓아다니면서 보고 들었던 지식과 경험을 담았다. 이 두 번째 책은 온실가스 감축, 기후변화 적응, 이행수단인 재원 및 기술 등 기후변화협상의 주된 쟁점을 설명하며, 기후변화 대응의 절박성에도 불구하고 왜 국제적 노력이 부족한지를 설명하고자 하였다.

첫 번째 책이 환경외교의 쟁점을 통해 환경외교의 중요성을 설명하고자 했다면, 세 번째 책인 '한국의 환경외교'는 우리나라 환경외교의 사례를 통해 환경외교의 실체에 좀 더 다가가게 하려는 시도이다. 사례의 특성상 그 사례가 발생한 배경에 대한 지식이 없이는 이해하기 어려운 점도 있어 배경에 대한 설명을 가능한 범위에서 추가하였다.

우리나라 환경외교의 성장을 위해 그동안 많은 분들이 노고를 아끼지 않았다. 현재의 환경외교는 어제의 노력에 기초하고 있으며, 내일의 발전을 위한 토대가 될 것이다. 필자의 활동도 이러한 노력에 미력이나마 기여하였기를 희망하며, 우리나라의 훌륭한 인재들이 국제환경무대에서 활약하는 내일을 기대해 본다.

끝으로 외교관으로서 긴 여정을 함께 해 준 아내 정희와 아들 도현에게 고맙다는 마음을 전한다.

저자약력

저자　김찬우(金澯又)

주요경력
1984. 7.　외무부 입부 (84.5. 제18회 외무고시)
1992.11.　주덴마크2등서기관
1995.12.　주필리핀1등서기관
2001. 1.　정보화담당관
2002. 1.　환경협력과장
2003. 7.　주OECD참사관
2006. 5.　환경과학협력관
2008. 7.　환경부 국제협력관
2011. 4.　주케냐대사
2014. 2.　국립외교원 글로벌리더십과정 파견
2015. 2.　기후변화협상부대표
2015. 6.　북극협력대표 (정부대표)
2016.11.　기후변화대사
2018. 4.　주브라질대사
2021. 5.　본부대사

서훈
2010.12.　근정포장
2018.11.　브라질 제툴리우 바르가스 노동훈장
2021. 5.　브라질 남십자훈장

사례를 통해 살펴본
한국의 환경외교

초판발행   2021년 7월 20일

지은이   김찬우
펴낸이   안종만·안상준

편 집   박송이
기획/마케팅   장규식
표지디자인   이미연
제 작   고철민·조영환

펴낸곳   (주) **박영사**
               서울특별시 금천구 가산디지털2로 53, 210호(가산동, 한라시그마밸리)
               등록 1959. 3. 11. 제300-1959-1호(倫)
전 화   02)733-6771
f a x   02)736-4818
e-mail   pys@pybook.co.kr
homepage   www.pybook.co.kr
ISBN   979-11-303-1243-9 93340

정 가   12,000원